Gabriele Cwik (Hrsg.)
Jungen besser fördern

LEHRER-BÜCHEREI
GRUNDSCHULE

Herausgeber der Reihe

Gabriele Cwik war Rektorin an einer Grundschule und pädagogische Mitarbeiterin im
Ministerium für Schule und Weiterbildung des
Landes Nordrhein-Westfalen. Sie ist Schulrätin
in der Schulaufsicht der Stadt Essen und zuständig für Grundschulen.

Dr. Klaus Metzger ist Regierungsschulrat,
zuständig für alle fachlichen Fragen der
Grundschule und die zweite Phase der Lehrer-
ausbildung für Grund- und Hauptschulen im
Regierungsbezirk Schwaben/Bayern.

Herausgeberin des Bandes
Gabriele Cwik (siehe oben)

Die Autoren
beschäftigen sich als Lehrerinnen und Lehrer,
in der Hochschule oder aus journalistischer
Sicht mit dem Thema und berichten aus ihrer
Praxis oder von ihren Recherchen.

Gabriele Cwik (Hrsg.)

Jungen besser fördern

Denkanstöße
Praxisideen
Für die Klassen 1 bis 4

Die in diesem Werk angegebenen Internetadressen haben wir geprüft (Redaktionsschluss Oktober 2008). Dennoch können wir nicht ausschließen, dass unter einer solchen Adresse inzwischen ein ganz anderer Inhalt angeboten wird.

www.cornelsen.de

Bibliografische Information: Die Deutsche Bibliothek verzeichnet diese Publikation in der Deutschen Nationalbibliografie; detaillierte bibliografische Daten sind im Internet über http://dnb.ddb.de abrufbar.

Dieses Werk folgt den Regeln der deutschen Rechtschreibung, die seit August 2006 gelten.

5. 4. 3. 2. 1.   Die letzten Ziffern bezeichnen
13 12 11 10 09   Zahl und Jahr der Auflage.

Redaktion: Marion Clausen, Göttingen
Herstellung: Brigitte Bredow, Berlin
Umschlaggestaltung: Claudia Adam, Darmstadt, unter Verwendung eines Fotos von Dirk Krüll, Düsseldorf
Fotos und Abbildungen: jeweils von den Autorinnen und Autoren der Beiträge
Satz: FROMM MediaDesign, Selters/Ts.
Druck und Bindung: fgb · freiburger graphische betriebe
Printed in Germany
ISBN 978-3-589-05144-1

 Gedruckt auf säurefreiem Papier,
umweltschonend hergestellt aus chlorfrei gebleichten Faserstoffen.

Inhalt

Vorwort

Über viele Jahre waren Lehrerinnen und Lehrer in den Schulen bemüht, vor allem die Mädchen zu fördern und zu stärken, damit diese ihre Potenziale im Unterricht wie später im Leben besser entfalten können und die gleiche Anerkennung finden wie die Jungen. Gleichzeitig veränderten sich auch die Anforderungen an die Jungen in der Grundschule: Sie sollten insgesamt sanfter, gesprächsbereiter, rücksichtsvoller, kooperativer werden. Diese Bemühungen sind nach wie vor sinnvoll und wichtig, wenn sich ein verändertes modernes Rollenverständnis von Mann und Frau hin zu einer partnerschaftlichen Lebensweise durchsetzen soll. Allerdings berücksichtigten diese Bemühungen zu wenig die unterschiedlichen Ausgangsbedingungen von Jungen und Mädchen.

Inzwischen ist von den Jungen als den „Verlierern im Schulsystem" die Rede, denn die Mädchen haben in ihren Leistungen die Jungen oftmals überholt und schließen ihre Schulzeit erfolgreicher als diese ab.

Jungen lernen und entwickeln sich – besonders im Grundschulalter – anders als Mädchen. Sie lesen weniger, schreiben kürzere Texte und beteiligen sich mit eher kurzen Wortbeiträgen am Unterrichtsgespräch. Außerdem fordern sie uns häufiger zu besonderen erzieherischen Maßnahmen heraus als Mädchen. Mehr Jungen als Mädchen leiden an einem Aufmerksamkeitsdefizitsyndrom, mehr Jungen müssen eine Klasse wiederholen und nehmen an speziellen Fördermaßnahmen teil.

Zudem wechseln deutlich mehr Jungen vom Gymnasium zur Realschule und von der Realschule zur Hauptschule. Die PISA-Studie hat unter anderem konkret nachgewiesen, dass Mädchen besonders in den Fähigkeiten der Lesekompetenz den Jungen überlegen sind.

Es ist darum dringend notwendig, den Blick auf die Jungen zu richten: In der letzten Zeit wurden in der Psychologie die geschlechtsspezifischen Verhaltensmuster und Entwicklungsmöglichkeiten der Jungen besonders erforscht. Die Biologie lieferte Untersuchungsergebnisse, die zeigen, dass sich die Gehirne von Jungen und Mädchen unterschiedlich entwickeln, was direkte Auswirkungen auf das Lernen in der Schule und auf die Verhaltensweisen im Umgang miteinander hat.

Viele dieser Erkenntnisse können langjährige Lehrerinnen und Lehrer durch tägliche Beobachtungen bestätigen, wobei die folgenden Aussagen stark verallgemeinern und es selbstverständlich auch die anderen Jungen gibt, auf die sie nicht zutreffen.

- Jungen lesen – wenn überhaupt – lieber kurze Texte.
- Jungen sind in kommunikativen Situationen zurückhaltender, prägnanter, kürzer.
- Jungen schreiben kürzere Aufsätze.
- Jungen möchten gerne den Umgang mit Hammer und Nägeln lernen.
- Jungen mögen Mathematik.
- Jungen haben Spaß, ihre Kräfte zu messen.
- Jungen lieben den Wettkampf.
- Jungen schreien sich auch einmal an, ohne beleidigt zu sein.
- Jungen tanzen anders und lieben andere Musikstücke.
- Jungen spielen gerne Video- bzw. Computerspiele.
- Jungen lernen in einem eigenen Tempo.

Dieses Buch soll den Leserinnen und Lesern Anregungen geben, ihre eigene Unterrichtspraxis so zu gestalten, dass weder Jungen noch Mädchen vernachlässigt werden. Im Rahmen der individuellen Förderung, die seit einigen Jahren in vielen Bundesländern zu den Aufgaben der Grundschule gehört, haben Lehrkräfte die Möglichkeit, sich auch auf die Jungen besonders einzustellen.

Schon kleine Veränderungen in der Aufgabenstellung, der Bewertung und im Umgang mit den Jungen sind hier erfolgversprechend, zum Beispiel:

- Viele kurze Texte motivieren eher zum Lesen.
- Auch knappe Wortbeiträge werden gewürdigt.
- Eine Sportstunde kann nach den speziellen Wünschen von Jungen (und das nächste Mal nach denen der Mädchen) gestaltet werden.
- Im Unterricht wird öfter eine Möglichkeit für einen Wettkampf eingebaut.
- Gemeinsam werden Formen der körperlichen Auseinandersetzung erprobt, die keinen Schaden anrichten, wie Armdrücken oder „aus dem Kreis drücken".
- Schreibthemen, die Jungen besonders interessieren, fördern die Schreibmotivation.
- Im Unterricht werden mehr Möglichkeiten für Bewegung integriert.

Jungen anders zu erziehen als Mädchen ist *kein neuer* Erziehungsauftrag. Aber es ist wichtig, dass wir neue Erkenntnisse in den Blick nehmen und im Unterricht auf die unterschiedlichen Bedürfnisse der Geschlechter eingehen, damit viele Jungen in der Schule nicht abgehängt werden.

Im ersten Teil dieses Buches kommen auch einige Journalisten zu Wort. Sie beschreiben aus ihrer Sicht die Probleme von Jungen in Unterrichtssituationen und die Ansätze zu ihrer Lösung. Dabei stammen einige Beispiele aus weiterführenden Schulen mit älteren Schülern. Ich habe diese Beiträge dennoch ins Buch aufgenommen, weil sie deutlich machen, in welche Richtung sich die Jungen nach der Grundschulzeit entwickeln und auf welche Weise sie durch eine andere Art der schulischen Erziehung gestärkt werden können. Auch für die Grundschule können daraus wichtige Rückschlüsse gezogen werden; hier werden entscheidende Weichen gestellt.

In den Schulen werden erste Maßnahmen zur besonderen Förderung der Jungen diskutiert. Vielerorts wird überlegt, Mädchen und Jungen zumindest zeitweise getrennt zu unterrichten. In einigen Bundesländern möchte man mehr Männer für den Lehrerberuf im Grundschulbereich motivieren, um den Jungen männliche Vorbilder zu ermöglichen.

Alle Maßnahmen, die diskutiert werden, wirken sich nicht schon morgen auf den Unterricht aus. Darum sollen im zweiten Teil des Buches konkrete Unterrichtsbeispiele für verschiedene Fächer und hilfreiche Tipps vorgestellt werden, die gleich in der täglichen Praxis umgesetzt werden können. Sie interessieren die Jungen entweder vom Thema her besonders oder die Methodik kommt ihnen entgegen. Dass auch Mädchen von diesem Unterricht profitieren können, ist selbstverständlich.

Alle Beispiele stammen von Grundschullehrerinnen und -lehrern, denen ich für ihre Mitwirkung herzlich danke.

Ich hoffe, dass die Leserinnen und Leser genügend Anregungen finden, damit unsere Schule beiden Geschlechtern besser gerecht wird.

November 2008
Gabriele Cwik (Herausgeberin)

1 Jungenförderung aus verschiedenen Perspektiven

1.1 Krise der Jungen, Krise der Kerle?

von Thomas Gesterkamp

Die Verunsicherung des „starken Geschlechts" ist in den letzten Jahren zu einem breit diskutierten Thema geworden. Die Wochenzeitung *Die Zeit* veröffentlichte 2006 gleich eine mehrteilige Serie: „Die Männer sind in Not: in der Schule, auf dem Arbeitsmarkt und im Familienleben" lautete die „Schadensbilanz" einer Autorin, die sie mit der despektierlichen Überschrift „Ihr Verlierer!" versah. „Jungen stottern viermal so häufig wie ihre Schwestern", „Männlichkeit ist hochriskant", „Jung, männlich, Migrant – nicht mehr zu retten?": So lauten nur einige Kostproben weiterer Schlagzeilen. „Die Helden sind ratlos" überschrieb der *Spiegel* ein Gespräch mit dem Analytiker HORST-EBERHARD RICHTER (2007), der die Krise der Männlichkeit in der unerwachsenen Gesellschaft (so auch der Titel seines Buches) aus therapeutischer Sicht untersucht hat. Einen Gegenakzent zu solch düsteren Szenarien setzte das Hauptstadt-Magazin *Zitty* mit einer Titelgeschichte über „Die neuen Berliner Jungs", die angeblich „entspannt" und „relaxt" mit ihrer Männlichkeit umgehen. Alles halb so schlimm also? Gibt es sie überhaupt, die „Krise der Kerle" (GESTERKAMP 2004)?

Auch wenn sich die Mediendebatte vorwiegend in den Spalten des Feuilletons abspielt: Die Widersprüche der modernen Männerrolle werden öffentlich stärker wahrgenommen. *Die* Männer gibt es dabei genauso wenig wie *die* Frauen. Geschlechterforscher sprechen einerseits von „hegemonialer Männlichkeit" und meinen damit die fortbestehende männliche Dominanz an der Spitze von Wirtschaft, Politik oder Wissenschaft. Andererseits sind schlecht qualifizierte Männer inzwischen überdurchschnittlich häufig erwerbslos, leiden Väter unter der Trennung von ihren Kindern, gilt der traditionelle männliche Lebensstil als gesundheitsgefährdend.

Der folgende Beitrag schaut auf die einstigen Helden der Industriegesellschaft, deren Fähigkeiten in der Dienstleistungsökonomie immer weniger gefragt sind. Und er beschreibt ein Erziehungssystem, in dem die „Kleinen Helden in Not" (SCHNACK/NEUTZLING 2000) in weiblichen Wertsystemen und mit zu wenigen männlichen Bezugspersonen aufwachsen.

Keine Toleranz für „Störer"

Dritte Stunde in einer Grundschule: Die Kinder haben gerade die große Pause hinter sich. Dennoch herrscht starke Unruhe, zu der vor allem die Jungen beitragen. Es hält sie nicht auf ihren Stühlen, sie toben durch den Klassenraum, raufen und schreien. Still wird es erst, als die Lehrerin die Rückgabe der Deutscharbeit ankündigt. Diese sei schlecht ausgefallen, sagt sie. Die männlichen Störer, die sie eben noch ermahnt hat, teilen sich die Fünfen und Sechsen.

Eine typische Geschichte, glaubt FRANK BEUSTER, Lehrer und Autor des Buches „Die Jungen-Katastrophe" (2006). Er beobachtet eine große Ratlosigkeit gerade unter weiblichen Kolleginnen: „Frauen wissen oft nicht, wie die Jungs ticken." Wenn Schüler sehr lebhaft sind und im Unterricht kaum zur Ruhe kommen, steckt oft Bewegungslust dahinter. Die aber ist im Schulalltag weitgehend unerwünscht, für Prügeleien und Lärm gibt es „null Toleranz". Das „pflegeleichte Mädchen" sei zum Maßstab geworden, so BEUSTERS kritisches Fazit. Er verlangt eine „geschlechtsbezogene Pädagogik", die den Interessen männlicher Schüler besser gerecht wird.

Schulische Probleme sind heute vorrangig Probleme von Jungen: Sie zeigen schlechtere Leistungen und werden häufiger gewalttätig. In den Lehrerzimmern gelten männliche Schüler als renitent und wenig anpassungsbereit. Sie überwiegen unter den Verweigerern und Sitzenbleibern. Zwei Drittel der Schulabbrecher und drei Viertel der Sonderschüler sind männlich. In den Hauptschulen stellen Jungen die deutliche Mehrheit, in den Gymnasien sind sie dagegen zur Minderheit geworden.

Der letzten Shell-Jugendstudie zufolge wollen 55 Prozent, also mehr als die Hälfte der jungen Frauen Abitur machen – bei den gleichaltrigen Männern sind es nur 47 Prozent. „Neben den leistungsstarken Mädchen, die Beruf und Familie vereinbaren möchten und diesen Wunsch selbstbewusst vertreten, fallen viele Jungen auf, die noch unsicher dabei sind, ihre Rolle in der Gesellschaft zu suchen und sich neu zu definieren", formulieren die Verfasser (HURRELMANN/ALBERT 2006). Erst an den Universitäten, drastischer bei Promotionen und Professuren kehrt sich der weibliche Bildungsvorsprung zugunsten der Männer um.

Weibliche Normen

Zum Selbstverständnis von Jungen gehört es, „cool, witzig und faul zu sein, weshalb sie häufig dem widerständigen und sozial auffallenden

Schülertypus entsprechen", analysiert der Berliner Geschlechterforscher MICHAEL CREMERS in einer Expertise für das Bundesfamilienministerium (2007). „Kein Streber sein", so der Wissenschaftler, „verstehen Jungen als einen Teil von Männlichkeit, mit dem sie sich abgrenzen und von Frauen unterscheiden können."

Die Maxime, Erziehung und Bildung gewaltfrei zu gestalten, hat sich erst in den letzten Jahrzehnten durchgesetzt. Prügeleien auf den Schulhöfen zum Beispiel gehörten in den Nachkriegsjahrzehnten zum Alltag, ohne dass man es zum Skandal erklärt oder öffentlich dagegen protestiert hätte. Auch die Zeiten, als auf dem heimischen Wohnzimmerschrank Rohrstock oder Lederriemen lagen, mit denen der väterliche Patriarch und Bestimmer nicht nur im deklassierten Unterschichtsmilieu, sondern auch in gutbürgerlichen Familien sein Deutungsmonopol durchsetzte, sind noch nicht allzu lange vorbei.

Gewalt gegenüber Kindern und Jugendlichen ist stets auch ein Ausdruck von verzweifelter Machtlosigkeit, von der Unfähigkeit, Stärke und Autorität zu gestalten und ein gutes Vorbild zu sein. Viele Schwierigkeiten heutiger Jungen und Männer haben damit zu tun, dass sie keine neuen Rollenidentitäten für sich finden, nachdem sich die Gesellschaft (aus gutem Grund) darauf verständigt hat, dass zumindest Teile ihrer alten Rollen nicht mehr erwünscht sind.

Öffentliche Erziehungseinrichtungen wie Kindergärten und Schulen sind heute – glücklicherweise! – ein relativ wenig gewalttätiger, eher von weichen Normen geprägter Bereich. In dem sinnvollen Bemühen, die pädagogischen Institutionen zu befrieden und zu demokratisieren, gehen Lehrerinnen, Lehrer und andere Fachkräfte allerdings manchmal zu weit – etwa, wenn sie den Bewegungsdrang männlicher Schüler pauschal als lästig und störend betrachten. Oder wenn sie das spielerische Ringen, das sportliche Kräftemessen zu unterbinden suchen, mit dem Jungen eine spätere männliche Qualität im Berufsleben einüben: die ritualisierte Konkurrenz, Fairplay statt Zickenterror, miteinander in den Wettbewerb treten und auch kämpfen, dabei aber den Gegner achten; ihn besiegen wollen, ohne ihn zu vernichten.

Kicken und Lesen
Die Diskussion über Jungen- und Männeridentitäten sollte sich nicht auf negative Klagelieder beschränken, sondern positive Facetten von Männlichkeit betonen. Das ändert nichts daran, dass in einer Bestandsaufnahme über geschlechterpolitische Fragen aus männlicher Perspektive viel Düsteres enthalten ist. Wer sich mit den „schwierigen Jungs" beschäftigt, landet fast automatisch auch bei der „Krise der Kerle" – also bei der Fra-

ge, welche beruflichen und privaten Chancen diese Jungen später als Erwachsene haben. Die Studie im Auftrag des Bundesfamilienministeriums (CREMERS 2007) untersucht die derzeitige Situation in Schule, Ausbildung und auf dem Arbeitsmarkt. Sie stellt fest, dass junge Männer unter 24 Jahren häufiger von Arbeitslosigkeit betroffen sind als junge Frauen gleichen Alters, vor allem wegen unzureichender Qualifikationen.

Der Bildungsverlauf männlicher Schüler ist der Untersuchung zufolge durch „deutlich größere Schwierigkeiten" geprägt: Das betrifft sowohl die Schulleistungen und Abschlüsse als auch „die Konsequenzen für Disziplinlosigkeit und Unterrichtsstörungen".

Mädchen sind die „moderneren" Kinder, „auf der Überholspur" oder gar die „neue Bildungselite": Solche zugespitzten Thesen aus der Jugendforschung werden in Politik und Medien warnend verbreitet. Zeitschriften veröffentlichen reißerische Beiträge, Parteien stellen parlamentarische Anfragen, der Deutsche Industrie- und Handelskammertag sorgt sich um die Leistungen männlicher Schüler. Aufgeschreckt durch die Ergebnisse der Pisa-Studie, die vor allem dem männlichen Nachwuchs aus Zuwandererfamilien gravierende Leseschwächen attestiert, hat es das Thema der schwierigen Jungen auf Fachkonferenzen von Kultusministerien und Bildungsexperten geschafft.

In der Basiskompetenz Lesen beträgt der Vorsprung der Mädchen nach den PISA-Ergebnissen mehr als ein Lernjahr. Der Unterricht, so kritisiert der Frankfurter Bildungsforscher FRANK DAMASCH, habe sich immer mehr „an weibliche Formen des Lernens und Gestaltens" angepasst. Sein umstrittener Vorschlag: Schüler und Schülerinnen sollten in bestimmten Fächern mit geschlechtsspezifischen Lehrmaterialien arbeiten und teilweise auch wieder getrennten Unterricht erhalten. Er schlägt zum Beispiel vor, in Deutsch mehr Texte auszuwählen, die männliche Schüler besonders interessieren: Jungen lesen eher Comics, Fantasygeschichten oder Abenteuerbücher – Stoffe, die im Unterricht bislang die Ausnahme darstellen. Ihre Rechtschreibkompetenz, so DAMASCH, hängt auch „vom sozialen Bezug der Wörter" ab: Wenn „männlich konnotierte" Begriffe wie Aktentasche, Ritter, Benzintank oder Torwart auftauchen, machen Jungen weniger Fehler in orthografischen Tests.

In Baden-Württemberg unterstützte das Landesinstitut für Schulentwicklung das Projekt „Kicken und Lesen", das den starken Wunsch nach Bewegung unter männlichen Schülern aufgriff: Nach ausgiebigem Toben und Ballspielen ließen sich selbst notorische Leseverweigerer zum gemeinsamen Vortragen eines Fußball-Romans überreden. Hinterher, erinnert sich MARGRIT WIENHOLZ aus dem Landesinstitut, klatschten sich die

Jungs stolz ab wie ihre sportlichen Vorbilder – darunter Schüler, die sonst freiwillig nicht eine Zeile gelesen hätten.

Sozialer Sprengstoff

Dass Jungen in der Schule schlechter abschneiden als Mädchen, ist kein ganz neues Phänomen. Die Studie des Familienministeriums behauptet sogar, das sei schon im 17. Jahrhundert so gewesen. In den letzten fünfzig Jahren jedenfalls erhielten Jungen trotz teilweise schlechterer Schulabschlüsse häufiger als Mädchen die Chance auf eine Berufsausbildung. Doch die wirtschaftlichen Rahmenbedingungen haben sich verändert. Das Lehrstellenangebot der Wirtschaft stagniert oder sinkt; immer mehr junge Männer müssen zunächst an berufsvorbereitenden Maßnahmen teilnehmen, „damit sie überhaupt den Qualitätsanforderungen des Ausbildungsmarktes entsprechen", formuliert die Expertise.

Die Unternehmen und ihre Verbände schlagen angesichts des befürchteten Fachkräftemangels Alarm. Die Vernachlässigung der Jungen, so klagen ihre Vertreter, habe negative Konsequenzen für deren berufliche Perspektiven und verursache hohe gesellschaftliche Kosten. Gelinge es nicht, männliche Schüler mit gezielter Förderung aus dem Abseits zu holen, drohe ein „männliches Proletariat". Dieses Szenario enthält sozialen und auch politischen Sprengstoff: „Männlich, jung, Hauptschule" heißt regelmäßig die Kurzanalyse der Wahlforscher, wenn neonazistische Parteien (wie in Sachsen oder Mecklenburg-Vorpommern) spektakuläre Stimmengewinne erzielen.

Die jungen Kerle, denen gerade in den strukturschwachen Regionen des deutschen Ostens keine attraktive Männerrolle mehr erreichbar scheint, gelten als besonders anfällig für Aggressivität, Gewalt und Rechtsextremismus. Vor allem wegen dieser politischen Brisanz erreicht das Thema der „sozial deklassierten Männer" jetzt breitere Kreise. Denn zumindest für die gering Qualifizierten gilt: Beide Geschlechter sind mit jenen prekären Erwerbsverläufen konfrontiert, die für Frauen schon immer normal waren. Die Auswirkungen der Hartz-Gesetze haben das Geschlechterverhältnis auf niedrigem Niveau angeglichen: Auch ein Teil der Männer wird nun in eine oft nicht gewollte marginale Selbstständigkeit abgedrängt, muss sich mit Zeitarbeit, Niedriglöhnen, Mini-Jobs oder befristeten Beschäftigungen auseinandersetzen.

Migrantensohn statt Arbeitertocher

Pauschale Zuschreibungen und simple Ursachenanalysen sind wegen der vielfältigen Lebenslagen problematisch. Es ist nicht sinnvoll, *den* Jungen oder *den* Mädchen stereotyp bestimmte Qualitäten oder Defizite zuzuschreiben. Jungen aus bürgerlichen Familien zum Beispiel kommen in der Schule meist gut klar, manche von ihnen erbringen weit über dem Durchschnitt liegende Leistungen. Die Chancen im deutschen Schulsystem hängen vorrangig von der sozialen Schicht des Elternhauses und von der ethnischen Zugehörigkeit ab. Erst als drittes Kriterium folgt das Geschlecht. „Das katholische Arbeitermädchen vom Land, das in den Siebzigerjahren noch als Prototyp der schulischen Bildungsverliererin galt, ist mittlerweile vom Migrantensohn aus einer bildungsschwachen Familie abgelöst worden", heißt es dazu in der Studie aus dem Familienministerium.

Nicht jeder schwierige Schüler droht also gleich zum perspektivlosen Dauerarbeitslosen zu werden. Nach der Berufsausbildung bekommen männliche Absolventen häufiger als weibliche ein Übernahmeangebot. In vielen Branchen profitieren sie, wenn es um ihre langfristige Weiterbeschäftigung geht, von einem nach wie vor auf Männer ausgerichteten Arbeitsmarkt. Denn selbstverständlich belegt der Blick in eine beliebige Führungsetage die ungebrochene männliche Vorherrschaft in Wissenschaft, Technik und Industrie. Nach wie vor dominieren Männer die Erwerbsarbeit und bestimmen ihre Regeln. Die Geschlechterforschung spricht vom „Macht-Mann" oder gar vom „globalisierten Mann" an der Spitze von Hierarchie und Einkommenspyramide.

Die Hegemonie von global agierenden Managern, Börsenspekulanten oder hochspezialisierten Programmierern verdeckt aber, dass andere Gruppen von Männern mit massiver Rollenirritation konfrontiert sind. Statt fester Anstellung droht vor allem jungen Berufseinsteigern, Migranten und gering Qualifizierten die lebenslange Probezeit. An die Stelle des klassischen männlichen Musters „Vollzeit ohne Unterbrechung bis zur Rente" tritt eine von beruflichen Brüchen und Phasen der Erwerbslosigkeit geprägte Biografie. Männer, die sich als finanzielle Versorger verstehen, bekommen damit Probleme, ihrer Familie eine verlässliche Perspektive zu sichern.

Der proletarische Ernährerstolz ist vor allem in den unteren sozialen Schichten angeknackst, das Band der Treue zwischen paternalistischem Unternehmertum und fleißiger Belegschaft zerrissen. Angelernte Industriearbeiter sind die Hauptverlierer des Wandels zur Dienstleistungsgesellschaft, die Ära der Stahlkocher, Bandarbeiter und Gabelstaplerfahrer geht zu Ende. In den Erziehungs- und Pflegeberufen, im Callcenter, bei der Polizei, in öffentlichen Verkehrsmitteln oder auch beim Service für technische Geräte erwarten Arbeitgeber Kommunikationstalent, Einfühlungsvermögen und Kundenorientierung – Eigenschaften, die sie eher Frauen zutrauen.

Doppelte Verlierer

Selbst in Ostdeutschland, einst eine Hochburg der Frauenerwerbslosigkeit, sind inzwischen mehr Männer ohne Stelle. „Starke Typen, aber keine Bräute", lautete eine Schlagzeile der Zeitschrift *Geo* und bildete dazu ehemalige Braunkohlearbeiter mit verrußten Gesichtern in der Ruine ihrer ehemaligen Fabrik ab. Nach Untersuchungen des Berlin-Instituts für Bevölkerung und Entwicklung (2007) kommen im sächsischen Hoyerswerda auf 100 Männer im Alter von 18 bis 29 Jahre nur noch 83 Frauen, im Landkreis Uecker-Randow sind es gar nur 76. In Vorpommern liegen Dörfer, in denen fast nur noch Alte und männliche Alkoholiker leben. Junge Frauen verlassen deutlich häufiger die strukturschwachen Regionen in Richtung Westen. Zurück bleiben schlecht ausgebildete Männer.

Die Fabrikjobs ohne hohe Qualifikationsanforderung haben aufmüpfigen Jugendlichen einst ermöglicht, zum ehrbaren Familienvater aufzusteigen. Mit ihrer Hände Arbeit konnten sie die hungrigen Mäuler zu Hause stopfen. Wer das nicht mehr bieten kann, hat Schwierigkeiten, eine Partnerin zu finden; die Männerforschung spricht vom Phänomen der „doppelten Verlierer". Das uralte Verfahren, die zornigen jungen Kerle in der Ehe zu „zivilisieren", funktioniert nicht mehr. „Sie bleiben in einer Peter-Pan-Welt des gelegentlichen Sex und der Kriminalität stecken", überspitzt die britische Autorin SUZANNE FRANKS (1999). „Uneducated, unemployed, unmarried" – ohne Ausbildung, ohne Job, ohne Liebe, formuliert plakativ die Londoner Zeitschrift *Economist*, die schon in den Neunzigerjahren Ärger mit den Männern („The trouble with men") prognostizierte: Die einstigen Helden der Arbeit seien „Tomorrow's second sex", das zweitrangige Geschlecht von morgen.

Der Wandel der Arbeitsgesellschaft führt also in bestimmten Milieus zu einer Krise der Männlichkeit. Die Basis, auf der Männer ihr Selbstbild aufgebaut haben, bröckelt; sozialer Abstieg und persönliche Verunsicherung sind die Folgen. In den Brennpunkten des sozialen Wohnungsbaus sind es vor allem die arbeitslosen Männer, die Anlass zur Sorge geben. Diese kommen mit dem Leben ohne eine bezahlte Tätigkeit besonders schlecht zurecht. Sie ziehen sich vor den Bildschirm zurück und werden dort zu Virtuosen der Fernbedienung – während sich Frauen trotz ebenfalls fehlender Jobs immerhin weiter in gesellschaftliche Netzwerke einbinden lassen.

Neue Wege für Jungs

Zumindest einem Teil der heranwachsenden Männer droht damit eine schwierige berufliche Zukunft. Wenn männliche Schüler nicht abgehängt werden wollen, müssen sie sich auf veränderte Anforderungen einstellen.

Die vom Bundesfamilienministerium geförderte Initiative „Neue Wege für Jungs" möchte deshalb Spielräume für einen Wandel der tradierten Bilder von Männlichkeit ausloten. Lässt sich die männliche Rolle beweglicher gestalten, indem soziale Kompetenzen im Beruflichen wie im Privaten gezielt gefördert werden? Welche Spielräume gibt es für den Wandel von Männerbildern und Männerrollen?

Mannsein war und ist ganz eng mit Erwerbsarbeit verknüpft. Für die mangelhaft Ausgebildeten wächst der Abstand zwischen Anspruch und Wirklichkeit: zwischen dem immer noch mächtigen Leitmotiv, die Ernährerrolle auszufüllen, und ihren tatsächlichen Chancen auf dem Arbeitsmarkt. Junge Männer spüren diesen Widerspruch spätestens bei der Suche nach einem Ausbildungsplatz. Nach hundert abgelehnten Bewerbungen macht sich aus verständlichen Gründen Frust breit. In der Schule haben sich die Jungen meist wenig auseinandergesetzt mit dem, was in Job und Privatleben auf sie zukommen könnte. Gesellschaftliche Normen weisen ihnen weiterhin die Funktion des materiellen Versorgers zu. In der Realität aber fällt es vielen schwer, dieser Aufgabe in einer umstrukturierten Arbeitswelt gerecht zu werden.

Schlecht qualifizierte junge Männer sind mit dauernden Erlebnissen des Scheiterns konfrontiert. Trotzig klammern sich manche von ihnen gerade deshalb an stereotype Verhaltensweisen und ein konservatives Männerbild. Ganz selbstverständlich setzen sie zum Beispiel Vaterschaft damit gleich, irgendwann „gutes Geld" zu verdienen und eine Familie versorgen zu können. Die finanziellen Verheißungen eines erfolgreichen Erwerbslebens wirken auf sie weit attraktiver als ein stärkeres Engagement in Haushalt und Kindererziehung.

Oft liegt es jenseits der Vorstellungskraft männlicher Schüler, dass sie als Verlierer des gesellschaftlichen Wandels demnächst vielleicht weniger verdienen könnten als ihre gleich gut oder besser qualifizierten Partnerinnen. Noch seltener stellen sie sich die möglichen Konsequenzen vor: Eine Ernährerin im Rücken, sollen sie plötzlich kochen, putzen, waschen und sich um den Nachwuchs kümmern! Und dabei einen Beitrag leisten, der über gelegentliche Handreichungen hinausgeht.

Junge Männer benötigen pädagogische Impulse, die ihnen helfen, sich in dieser veränderten Situation zurechtzufinden. Die Berufsvorbereitung in den Schulen müsste überall in Zukunftsplanung umbenannt und zu einer Einstimmung auf die Wechselfälle des Lebens ausgebaut werden. Sie sollte klarmachen, dass unregelmäßige Erwerbsverläufe wahrscheinlich sind, dass auch aktive Vaterschaft und familiäre Verantwortung zum männlichen Lebensentwurf gehören – und parallel dazu praktische Fertigkeiten der „Arbeit des Alltags" einüben (GESTERKAMP 2007).

Das „eigene Ding"

Ein zeitgemäßes männliches Leitbild kann sich nicht mehr einseitig am alten „Arbeitsmann" – und erst recht nicht am gewalttätigen Bestimmer – ausrichten. Das fordert von männlichen Jugendlichen Beweglichkeit in den Köpfen und die Bereitschaft, Experimente zu wagen, sich neu zu orientieren. Es kann für junge Männer sehr reizvoll sein, etwa als Gruppenleiter in einer Kindertagesstätte relativ selbstständig agieren zu können. Denn als Fahrer, Lagerist oder Hilfsarbeiter in einem traditionellen Männerberuf sind sie stets Untergebene, müssen alle zehn Minuten neuen Anweisungen folgen und sich laufend bevormunden lassen. Soziale Tätigkeiten wie Erzieher, Alten- oder Krankenpfleger sind eben keine von vorne herein indiskutablen „schwulen Berufe", wie es im Schimpfwortrepertoire von Jungencliquen bisweilen abschätzig heißt, sondern vielleicht eine ernst zu nehmende Alternative. Auf jeden Fall, so könnte die Botschaft lauten, sind sie besser als gar nichts und einer dauerhaften Erwerbslosigkeit vorzuziehen.

Einer unkonventionellen, von traditionellen Mustern abweichenden Berufswahl von Jungen stehen aber auch psychologische Hemmschwellen im Wege. Ein „weiblicher" Arbeitsplatz, an dem ein junger Mann beispielsweise kranke und alte Menschen pflegt und ihnen die Windeln wechselt, bedeutet nicht nur schlechte Bezahlung für harte und gesellschaftlich gering geschätzte Arbeit. Er ist gleichzeitig immer auch eine Bedrohung der eigenen männlichen Identität. Wenn dieser Aspekt vernachlässigt wird, drohen die Förderprogramme für Jungen in Erziehungs- und Pflegeberufen ins Leere zu laufen. Die möglichen Gewinne und Verluste, die sich aus der Konfrontation mit der üblichen Geschlechterrolle ergeben, sollten stets mitgedacht werden, warnt die Studie des Bundesfamilienministeriums (CREMERS 2007).

Das Projekt „Neue Wege für Jungs" beschränkt sich deshalb nicht auf die Berufsplanung, sondern will zusätzlich soziale Kompetenzen stärken und fürsorgliche Rollen im Privatleben fördern. Den Titel wählten die Initiatoren in bewusster Abgrenzung zur Bezeichnung „Girls' Day", weil sie nicht einfach die Konzepte der Mädchenförderung übernehmen wollten. Geschlechtstypische Bedürfnisse und Lebenslagen von Jungen sollen Ausgangspunkt der Förderung sein.

„Ein eigenständiges Format für Jungen, das sich an ihrer subjektiven Erlebniswelt und ihren Wahrnehmungs- und Verarbeitungsmustern orientiert", müsse „erst noch entwickelt und erprobt werden", heißt es in der Studie. Hilfreich ist der Hinweis auf Schutzräume in einer geschlechtshomogenen Gruppe, wo Jungen „die Inszenierungsbühne verlassen können, ihren Konkurrenzzwang für einen Moment vergessen und sich trauen, ih-

re Maske abzulegen". Hier liegt eine wichtige Aufgabe von Jungenpädago-
gik- und Männerarbeit: geschlechtshomogene Gruppen sowohl unter
Gleichaltrigen als auch generationenübergreifend – etwa auf Vater-Sohn-
Wochenenden in der Familienbildung – anzubieten.

Es geht darum, einen Platz zu schaffen, wo Jungen unter sich, aber
auch mit erwachsenen männlichen Begleitern oder Mentoren ihr „eigenes
Ding" verfolgen können.

Fazit

Fast zwei Jahrzehnte hat es gedauert, bis das zunächst nur in Fachkreisen
diskutierte Thema der „abgehängten Jungs" in der breiten Öffentlichkeit
angekommen ist. Jungenförderung stand lange im Schatten der (sinnvollen und erfolgreichen) Mädchenförderung. Wenn jetzt engagierte Lehrer
oder gar Jungenbeauftragte damit beginnen, an den Schulen stärker auf
die Lernwege männlicher Schüler zu achten, wollen sie damit keineswegs
die Bedürfnisse von Mädchen ignorieren. Sie wollen dazu beitragen, dass
aus den „kleinen Helden in Not" nicht irgendwann „große Kerle ohne Perspektive" werden.

Literatur

BERLIN-INSTITUT FÜR BEVÖLKERUNG UND ENTWICKLUNG (2007): Not am Mann. Vom
    Helden der Arbeit zur neuen Unterschicht? Berlin
BEUSTER, FRANK (2006): Die Jungenkatastrophe – das überforderte Geschlecht. Ro-
    wohlt Verlag, Reinbek
CREMERS, MICHAEL (2007): Neue Wege für Jungs. Ein geschlechtsbezogener Blick
    auf die Situation von Jungen im Übergang Schule-Beruf, Expertise im Auftrag
    des Kompetenzzentrums Technik-Diversity-Chancengleichheit e.V., Bielefeld
FRANKS, SUZANNE (1999): Das Märchen von der Gleichheit. Frauen, Männer und die
    Zukunft der Arbeit. DVA, Stuttgart
GESTERKAMP, THOMAS (2004/2007): Die Krise der Kerle – Männlicher Lebensstil und
    der Wandel der Arbeitsgesellschaft. Lit Verlag, Münster
GESTERKAMP, THOMAS (2007): Die neuen Väter zwischen Kind und Karriere. Herder
    Verlag, Freiburg
HURRELMANN, KLAUS/ALBERT, MATTHIAS (2006): Jugend 2006 – eine pragmatische
    Generation gerät unter Druck (Shell-Studie), Fischer Verlag, Frankfurt
RICHTER, HORST-EBERHARD (2007): Die Krise der Männlichkeit in der unerwachse-
    nen Gesellschaft. Psychosozial Verlag, Gießen
SCHNACK, DIETER/NEUTZLING, RAINER (1990/2000): Kleine Helden in Not – Jungen
    auf der Suche nach Männlichkeit. Rowohlt Verlag, Reinbek
Internet: www.neue-wege-fuer-jungs.de

1.2   Die Rollenbildner

von Martin Reischke

Ein Fußballturnier an einer Gesamtschule in Dortmund: Auf dem Schulhof ist ein Feld aufgebaut, mit kleinen Toren und einer hohen Bande, gegen die die Bälle knallen. Gerade drängelt die nächste Mannschaft auf die Spielfläche. Die Teams sind gemischt. Ein paar Mädchen spielen mit, die meisten aber sind Jungen. Stolz tragen sie die Trikots ihrer Idole: Ronaldo und Ronaldinho, Rosicky oder Zidane. Hier sind sie ganz in ihrem Element. Doch im Schulalltag sehe es oft anders aus, sagt ULRICH BOLDT, Lehrer im Hochschuldienst an der Uni Bielefeld: „Man hat festgestellt: Schulmisserfolg hat ein Geschlecht, das ist männlich, und wir müssen alles tun, um Jungen besser fördern zu können, um auch spätere Baustellen in der Gesellschaft zu vermeiden. Das ist ja eine Zeitbombe, wenn 10 bis 20 Prozent aller Jungen ohne Schulabschluss die Schule verlassen und die Arbeitsplätze gerade in traditionellen Männerberufen sehr stark zurückgegangen oder gänzlich verschwunden sind. Dann kann man sich ja vorstellen, wenn ich nicht handele, dass trotz Hartz IV junge Männer eine unheimliche gesellschaftliche Belastung darstellen."

Dabei geht es nicht nur um die schulischen Leistungen. Denn Jungen und Mädchen entwickeln sich in vielen Bereichen verschieden, sagt CHRISTOPH BLOMBERG, der sich als Professor der katholischen Hochschule in Paderborn mit Kinder- und Jugendhilfe beschäftigt: „Wir haben bei Jungen eher auffälliges, dissoziales Verhalten, bei Mädchen eher selbstzerstörerisches Verhalten, gleichzeitig haben Jungen eine höhere Selbstmordrate als Mädchen, während Mädchen mehr Suizidversuche begehen. Es zeigen sich also schon bei der Betrachtung medizinischer Daten Unterschiede, die es sinnvoll machen, auch unterschiedliche pädagogische Konzepte zu entwickeln."

In ganz Deutschland gibt es Sozialarbeiter und Pädagogen, die das erkannt haben. Doch vielerorts fehlt es an Strukturen, um Wissen zu bündeln und sich auszutauschen. In Nordrhein-Westfalen ist das anders. Im Herbst 1998 gründeten einige Männer, die sich schon länger mit dem Thema beschäftigt hatten, die Landesarbeitsgemeinschaft Jungenarbeit. Einer von ihnen war RENATO LIERMANN. Heute arbeitet LIERMANN als Jugendbildungsreferent für den Verein Evangelische Schülerinnen- und Schülerarbeit in Westfalen – und sitzt ehrenamtlich im Vorstand der Landesarbeitsgemeinschaft. LIERMANN erinnert sich: „Nachdem wir Jahre diskutiert und unsere eigene Arbeit in unseren Einrichtungen vorangetrieben hatten, sahen wir die Notwendigkeit, einen landesweiten Zusammenschluss zu gründen und Fördermittel zu akquirieren. Wir haben gesehen, dass wir nicht alleine die ganzen Anfragen nach Fachberatung und Begleitung von Arbeitskreisen vor Ort leisten konnten, dass da einfach Kollegen her mussten, die das überregional machen, das heißt, dass irgendwann eine Fachstelle auch eingerichtet werden sollte."

Vier Jahre später war das geschafft. Seit 2002 gibt es deshalb die Fachstelle Jungenarbeit in Dortmund. Schon vorher war die Jungenarbeit als Förderschwerpunkt in den Landesjugendplan von Nordrhein-Westfalen mit aufgenommen worden. Nun kümmert sich ein Fachreferent hauptberuflich um die Förderung geschlechtsbezogener Jungenarbeit, organisiert die Vernetzung untereinander und berät interessierte Jungenarbeiter.

Dazu gehört THORSTEN FRIEDRICH. Seit vier Jahren ist er Sozialarbeiter an der Heinrich-Böll-Gesamtschule in Dortmund. Als zertifizierter Jungenarbeiter bietet er verschiedene Workshops nur für Jungen an, zum Beispiel den sexualpädagogischen Kurs in der siebten Klasse.

FRIEDRICH hinterfragt zuerst die medial vermittelten Bilder, um sich dann selbst den Fragen der Jungen zu stellen. „Man kann dann auch einsteigen und sagen: Wie ist denn ein Mann so aufgebaut, was passiert im Rahmen von Erregungen und vom Geschlechtsakt? Und da kommen dann hinterher sehr detaillierte Fragen, wo klar ist, der Vertrauensschutz ist gegeben, die würden so nie einem Lehrer gestellt. Ich trete den Jungen anders entgegen, ich biete mich an, und daraus nehmen sie das Angebot auch wirklich an."

Das gilt auch für Cem. Nach außen gibt sich der 14-Jährige so laut und selbstbewusst, als wüsste er längst eine Antwort auf alle Fragen. Doch auch er hat sich für den Kurs von THORSTEN FRIEDRICH interessiert. „Es hat mir sehr gefallen, dass wir alles fragen konnten, und es hat mir auch gefallen, dass nicht so die Mädchen dabei waren, weil wenn wir nur unter Jungs waren, war das viel offener, wir konnten offener reden, als wenn die Mädchen dabei gewesen wären."

Vier klare Regeln

Aber eine Jungengruppe alleine reicht nicht aus, um für eine offene Gesprächsatmosphäre zu sorgen. Denn schließlich sollen die Jungs sich auch untereinander vertrauen. Dafür muss FRIEDRICH den entsprechenden Rahmen schaffen. „Zu Beginn eines Jungentrainings mache ich das dann so, dass ich die Jungen erst einmal überrasche: Es gibt dann vier Grundregeln, die bedeuten erstens: Vertrauensschutz, das heißt, alles Gesagte bleibt im Raum, zweitens: Stopp heißt Stopp – ganz wichtig bei entsprechenden Kampfspielen, damit man auch eine Unterbrechung hat, drittens:

‚ich' statt ‚man', das bedeutet: Sprich über dich und sprich nicht über die Allgemeinheit und viertens: unterstützen statt fertigmachen."
Vier klare Regeln, die meistens funktionieren. Auch wenn der Eine oder Andere manchmal noch über die Stränge schlage, sagt Cem. „Öfter hat sich jemand über den Anderen lustig gemacht und dann wurde das sofort geschlichtet."
Doch nicht nur die Jungs müssen Regeln beachten. Auch für THORSTEN FRIEDRICH gelten bei der Jungenarbeit andere Grundsätze als für die Lehrer im normalen Unterricht. Denn wenn die Jungen sich öffnen sollen, muss er selber den ersten Schritt tun: „Dann fange ich an und erzähle von mir und sage: Ich bin 38 Jahre alt, ich bin verheiratet, habe zwei Kinder, ich fahre im Sommer gern zur Nordsee – und dann gucken mich alle immer ganz komisch an und denken: Was macht der jetzt da? Der stellt sich ja ganz persönlich vor, der gibt persönliche Anteile rein. Und das ist schon der Anstoß, dass Jungen sich auch bereitwilliger öffnen und sagen: Okay, wenn der persönliche Anteile reinbringt, und ich lerne den ganz anders kennen, bringe ich auch was von mir rein."
Dann sind die Jungen auch bereit, Übungen mitzumachen, für die sie im Alltag vielleicht nicht mal ein müdes Lächeln übrig hätten. Absolvent Carsten erinnert sich an ein Spiel, bei dem es um die Stereotypen des klassischen Männerbildes ging: „Wir hatten ein hohes Seil, und wir mussten irgendwie rüberkommen, ohne das Seil anzufassen oder es zu berühren. Und weil das Seil so hoch war, mussten wir uns rübertragen – da hat man dann gesehen, was Männerfreundschaften ausmachen können. Dass man viel zusammenhält, dass das gar nicht immer so ist, wie man behauptet, dass die weich sind und so. Man braucht einen besten Freund, um seinen Emotionen freien Lauf zu lassen."
Männerfreundschaften, Berufsbilder und sexuelle Aufklärung: Die Themen von THORSTEN FRIEDRICHS Kursen sind verschieden. Doch das Ziel ist immer dasselbe: eine bewusste Auseinandersetzung mit der eigenen Rolle als Junge und Mann. Viele Lehrer schätzen seine Arbeit. Einige aber hätten Vorbehalte, sagt Schulsozialarbeiter FRIEDRICH: „Wir sind ein Kollegium von 80 Leuten, wir haben 1000 Schüler an der Schule, und dann gibt es natürlich ganz unterschiedliche Ansichten zu Jungenarbeit. Es gibt Lehrer, insbesondere junge Lehrer, die sich mit dem Thema schon mal auseinandergesetzt haben und sagen: Okay, Jungen brauchen auch Förderung und Unterstützung, das ist ein guter Ansatz. Andere haben da mehr Vorurteile, das heißt, die sagen: Selbstbehauptungstraining für Jungen? – Das brauchen unsere Jungen bestimmt nicht, die sind laut, die können sich durchsetzen, die raufen sich, also wenn, dann ein Selbstbehauptungstraining für Mädchen, das brauchen wir, dass die sich durchset-

zen können, aber für Jungs nicht. Diese Lehrer haben dann wirklich die Idee und den Ansatz nicht verstanden."

Immer wieder versucht FRIEDRICH in solchen Situationen seine Position zu erklären: dass nämlich auch Jungen erst lernen müssen, ihre Rolle im Leben zu finden. Denn die hat mit den medial vermittelten Ansprüchen oft wenig zu tun.

Auch MICHAEL SCHANK hat die Erfahrung gemacht, dass Jungen oft nur als selbstbewusste Krachmacher wahrgenommen werden. Der Sozialarbeiter, der mit Jungen in Dortmund sexualpädagogische Gruppenarbeit macht, sieht das anders: „Das, was Jungen in der Regel erfahren oder wie Jungenarbeit auch oft gesehen wird, ist: Kümmere dich mal um die Jungen, die machen Probleme. Und der Ansatz von Jungenarbeit ist eigentlich der, sich nicht darum zu kümmern, wo Jungen Probleme machen, sondern wo Jungen Probleme haben. Und das ist, glaube ich, ein ganz entscheidender Unterschied in der Sichtweise."

Die Voraussetzung für Jungenarbeit sei deshalb auch keine jahrelange Ausbildung, sondern in erster Linie die innere Einstellung, meint der Dortmunder Sozialarbeiter NORBERT WEMMER. „Man muss grundsätzlich eine positive Haltung Jungen gegenüber haben, weil Jungenarbeit nicht in erster Linie eine Frage von Methoden und Anwendung irgendwelcher Praktiken ist, sondern letztendlich eine Haltung, und wenn meine Haltung Jungen gegenüber, wie auch immer begründet, eine negative ist, werde ich auf Dauer kein Jungenarbeiter sein können."

Auch die eigene Biografie sollte der Jungenarbeiter genau kennen. Denn nur wer sich mit seiner eigenen Rolle als Mann auseinandersetzt, könne diese Erfahrungen auch in der Jungenarbeit weitergeben, sagt BIROL MERTOL von der Fachstelle Gender NRW: „Das ist auch der Hauptpunkt: dass wir, wenn wir als Erwachsene mit Jungen arbeiten, dass wir denen als Vorbilder und Modelle dienen, um nicht die alten, traditionellen Gegebenheiten weiterzutransportieren, sondern andere Perspektiven mit reinzunehmen. Damit Jungs beispielsweise auch sehen können: Hey, guck mal, da haben wir ja sogar noch mehr Möglichkeiten für unser Leben."

Das ist es auch, was der 16 Jahre alte Carsten aus dem Kurs mit THORSTEN FRIEDRICH mitgenommen hat. „Man hat viele Sachen erfahren, zum Beispiel dass durch die Medien der Mann gezeigt wird, wie der Mann sein soll. Durch die ganzen Heldenfilme. Und dass der Mann keine Haushaltsberufe machen darf, obwohl die Realität ganz anders aussieht."

Doch auch in Nordrhein-Westfalen sind es noch immer nur einige wenige Pädagogen, die sich mit dem Thema Jungenarbeit beschäftigt haben. Deshalb bietet Sozialarbeiter NORBERT WEMMER in Zusammenarbeit mit der Polizei eine Lehrerfortbildung zur geschlechtsspezifischen Arbeit mit

Jungen an. WEMMER erklärt dann die Vermittlung sozialer Kompetenzen, die Polizei informiert über Strategien zur Gewaltprävention: „Diese Lehrerfortbildung hat die Intention, dass das, was da vermittelt wird, in die Unterrichtspläne integriert wird. Also dass beispielsweise Montag die ersten beiden Stunden Mathematik sind und die dritte und vierte soziales Lernen. Und das macht den Schulen und natürlich auch den Lehrern extreme Probleme, das umzusetzen. Weil es im Hintergrund immer Erlasse gibt, die das eigentlich ausschließen, und es somit vom Engagement und der Fantasie der jeweiligen Direktoren abhängt, ob diese Freiräume innerhalb der Schule geschaffen werden."

So macht WEMMER immer wieder die gleiche Beobachtung: Das Interesse einzelner Lehrer wird durch fehlende Strukturen ausgebremst. „Das Engagement einzelner Lehrer ist gestiegen, aber es ist nach wie vor schwierig, dieses Engagement auch strukturadäquat umzusetzen. Die Leute stoßen ständig an Grenzen und resignieren dann irgendwann auch."

Ähnliches hat ALEXANDER MAVROUDIS erlebt. Als Fachberater beim Landesjugendamt Rheinland kümmert er sich auch um die Jungenarbeit und versucht mit berufsbegleitenden Weiterbildungen Sozialpädagogen und deren Trägereinrichtungen für das Thema zu sensibilisieren: „Vereinzelt funktioniert es, vereinzelt erkennen Träger auch, dass es notwendig und wichtig ist, hier dauerhaft den Blick für Jungs zu öffnen und entsprechende Angebote durchzuführen, teilweise ist es aber leider immer noch so, dass Träger und Einrichtungsteams das nicht so sehen. Und dann sind es einzelne Personen, und wenn die ihren Arbeitsplatz verlassen oder vielleicht irgendwann das Engagement nicht mehr haben, weil sie auch das Gefühl haben, gegen Windmühlenflügel anzukämpfen, dann läuft diese Arbeit Gefahr, eben keine Früchte zu tragen."

Dabei ist ein Erfolg der Jungenarbeit in den vergangenen Jahren unverkennbar: Das Thema sei in der Öffentlichkeit angekommen, sagt Hochschulprofessor CHRISTOPH BLOMBERG, der von 2002 bis 2006 erster Referent der Fachstelle für Jungenarbeit in Dortmund war: „Man muss in diesem Zusammenhang von begünstigenden Faktoren sprechen, auch wenn das etwas traurig klingt, aber die Gesundheitsdaten sind an die Öffentlichkeit geraten und breiter diskutiert worden, PISA ist breiter diskutiert worden, die Gewaltstatistik hat auch auf die Opferperspektive von Jungen hingewiesen. Das alles hat dann so um 2002/2003 dazu geführt, dass es eine größere Thematisierung und Akzeptanz in der Öffentlichkeit gab."

Dass das so bleibt, dafür könnte in Zukunft auch eine neue Generation von Fachmännern sorgen, meint BLOMBERG. „Man sieht es aus meiner

Sicht deutlich auch in der Jungenarbeit in NRW, dass wir jetzt mindestens eine zweite oder dritte Generation von Fachmännern haben, zum Teil sehr junge Leute, die von den Fachhochschulen und Hochschulen kommen und dieses Thema in der Praxis einfordern."

Keine Abschaffung der Koedukation

Doch nicht jeder hält geschlechtsgetrennte Phasen in der Schule für eine gute Idee. Manche wittern auch einen Rückfall in längst überwunden geglaubte Zeiten, als Jungen und Mädchen generell auf getrennte Schulen gingen. UWE IHLAU arbeitet für die Fachstelle Gender NRW, die sich um Geschlechtergerechtigkeit in der Kinder- und Jugendhilfe kümmert. Er will die Koedukation – also die gemeinsame Erziehung von Jungen und Mädchen – nicht abschaffen. Aber auch er plädiert dafür, neue Wege zu beschreiten, denn mit dem Ansatz des uniformen Unterrichts für Jungen und Mädchen sei man gescheitert: „Es gibt dieses berühmte Beispiel: Affe, Giraffe, Löwe und Elefant stehen vor einem Baum und einer sagt: Ich gebe euch allen die gleiche Aufgabe, nämlich klettert auf den Baum – das hat so nicht funktioniert. Jetzt kommt es darauf an, sich bewusst zu machen: Ich habe es hier mit Mädchen und Jungs zu tun und das, was ich tue und wie ich das tue, auch daraufhin abzustimmen und zu reflektieren und zusätzlich dazu phasenweise geschlechtshomogene Bausteine auch in die Schule einzufügen und damit zu experimentieren."

So geht es UWE IHLAU um den Gesamtblick: um Geschlechtergerechtigkeit für Jungen *und* Mädchen. In der Politik ist dieser Ansatz unter dem Begriff „Gender Mainstreaming" bekannt. „Im Zuge der Einführung von Gender Mainstreaming als politische Strategie ist es von daher gesehen für uns auch wichtig, vor Ort die Kooperation der Arbeitskreise Mädchenarbeit und Arbeitskreise Jungenarbeit gezielt zu unterstützen und zu fördern, und auch deutlich zu machen, was für einen Gewinn eigentlich beide Arbeitskreise haben können, wenn sie stärker gemeinsam das Ziel der Geschlechtergerechtigkeit verfolgen."

Doch momentan ist es vor allem die Jungenarbeit, die in Nordrhein-Westfalen ins öffentliche Interesse gerückt werden soll. Das Familienministerium des Landes hat eine Initiative zur Jungenarbeit gestartet, und auch CDU-Minister Armin Laschet wirbt für das Thema. Die Kooperation von Jungen- und Mädchenarbeit ist ein heikles Thema, denn beide buhlen nicht nur um öffentliche Aufmerksamkeit, sondern auch um finanzielle Unterstützung. RENATO LIERMANN vom Vorstand der Landesarbeitsgemeinschaft Jungenarbeit sieht das anders. Er glaubt nicht, dass sich Jungen- und Mädchenarbeit in die Quere kommen. Denn der finanzielle Bedarf für Jungenarbeit sei begrenzt: „Es geht nicht darum, jetzt Millionen für Jungenförderung freizumachen, sondern ganz klar zu sehen, dass die derzeitigen Bildungsmaßnahmen oder schulischen Maßnahmen nicht unbedingt die Ressourcen, Möglichkeiten und Interessen von Jungen treffen. Darüber sollte viel eher nachgedacht werden, als jetzt wieder neue Töpfe aufzumachen."

Ein neues Betätigungsfeld für Jungenarbeit könne zum Beispiel die offene Ganztagsschule sein, sagt ALEXANDER MAVROUDIS vom Landesjugendamt Rheinland: „Offene Ganztagsschule bedeutet ja, dass außerschulische Träger und außerschulisches Personal mit anderen Ausbildungen in die Schule kommen. Das ist auch eine große Chance, dass verstärkt Männer in die Schulen reinkommen."

Doch die Umsetzung ist hier nicht ganz einfach. Denn männliche Erzieher sind immer noch selten. Mitunter gibt es aber auch grundsätzliche Kritik am Konzept, Jungen gesondert zu fördern. Denn auch wenn sie schlechtere Schulergebnisse erzielten – so die Argumentation – seien sie im späteren Berufsleben den Frauen noch immer deutlich überlegen. Das sei einerseits zweifellos richtig, sagt PROFESSOR BLOMBERG: „Auf der anderen Seite muss man aber auch sagen, dass damit nicht die negativen Schulleistungen von Jungen bagatellisiert werden dürfen. Denn es hieße zu ignorieren, dass auch Jungen unter schlechten Schulleistungen leiden, dass wir auch bei Jungen einen großen Satz von schlecht Ausgebildeten haben, die zum Teil ohne Schulabschluss oder ohne Berufsabschluss in der Gesellschaft versuchen ihren Platz zu finden, und denen das nicht gelingt."

Fehlende Evaluierung

Seit mehr als zehn Jahren arbeitet die Landesgemeinschaft Jungenarbeit mittlerweile daran, diesen Jungen größere Aufmerksamkeit entgegenzubringen. Doch die Wirkung und die Ergebnisse dieser Arbeit seien bisher noch weitgehend unerforscht, sagt ULRICH BOLDT von der Uni Bielefeld: „Die ganze geschlechtsspezifische Arbeit leidet darunter, dass sie bisher nicht evaluiert worden ist. Wenn man von Ergebnissen spricht, dann handelt es sich immer nur um Einzelbeobachtungen, die zumeist von den Akteuren selber durchgeführt oder veröffentlicht werden, die die Jungenarbeit praktizieren. Das bezieht sich aber auch auf die Mädchenarbeit. Da gibt es ein Dilemma, dass man nicht mit wissenschaftlichen Befunden argumentieren kann."

So sind es vielfach Einzelbeobachtungen, die darauf hindeuten, dass die Jungenarbeit zu Veränderungen geführt hat. Zum Beispiel die von MARCUS GEHL, der als Lehrer an der Heinrich-Böll-Gesamtschule schon seit mehreren Jahren mit dem Schulsozialarbeiter THORSTEN FRIEDRICH zusammenarbeitet: „Mein erstes Projekt mit Herrn FRIEDRICH war in der 7. Klasse, die Schüler sind jetzt in der 9. Klasse und wenn es zu Konflikten kommt, kann ich ganz einfach so ein paar Schlüsselwörter aus unserem damaligen Workshop sagen und dann harmonisiert sich ganz viel von alleine, dass ich da gar nicht mehr regulierend eingreifen muss. Von daher sehe ich schon, dass das eine sehr positive Entwicklung ist."

Auch THORSTEN FRIEDRICH selbst merkt, wie sich die Regeln seiner Workshops in den Alltag übertragen. „Auch die Stopp-Regel, ganz wichtig, die höre ich dann später manchmal auf dem Schulhof: ‚Ey, stopp, hör auf damit, lass das sein!' – das setzt sich also irgendwie fort."

Das sind die Geschichten, die auch der derzeitige Fachstellenreferent für Jungenarbeit, SANDRO DELL'ANNA, sich wünscht. Denn noch immer schrecke das negative Image der Jungenarbeit als tougher Job mit Problemkids viele potenzielle Interessenten ab: „Viele Männer, die Interesse an Jungenarbeit haben, verlieren das spätestens dann, wenn sie feststellen, dass sie ständig angefragt werden, wenn es darum geht, so etwas wie eine Vorstufe der Polizei zu sein. Und da muss man in der Zukunft auch sehen, dass man das Feld noch einmal öffnet auch für eine nicht defizitorientierte Sicht auf Jungen und Jungenarbeit, damit das dann noch mal eine höhere Legitimation gewinnt."

Hinweis:
Sämtliche Zitate stammen aus Interviews, die der Autor am 8. und 9. Juni 2007 mit den zitierten Personen geführt hat. Die Namen der Kinder und Jugendlichen wurden geändert. Der Text beruht auf einem Radiobeitrag von Martin Reischke mit dem Titel „Jungs als Emanzipationsverlierer", der am 21. Juni 2007 im Deutschlandradio Kultur zum ersten Mal gesendet wurde.

1.3 Jungen als Schüler

von Jürgen Budde

Geht es um Geschlecht und Schule, erhalten aktuell vor allem Jungen besondere Aufmerksamkeit. Im Mittelpunkt stehen dabei *Probleme*, die Jungen *haben* (zum Beispiel mit der Schule), oder solche, die Jungen *machen* (zum Beispiel in der Schule). Die Probleme, die einige Jungen in und mit der Institution Schule haben, werden dabei vor allem auf vier Begründungen zurückgeführt, die allesamt das Geschlecht in den Mittelpunkt rücken. Dies sind:

*   „Jungen als Bildungsverlierer",
*   „Feminisierung von Schule",
*   „Jungen sind (von Natur aus) anders",
*   „Abwesenheit von Männern" (vgl. Budde 2008a).

All diese Diskurse gehen von einer stabilen Geschlechterdifferenz aus, ihnen liegt eine dichotome, das heißt gegensätzliche Sichtweise zugrunde, nach der Männlichkeit und Weiblichkeit sich ausschließende Gegensätze sind – die allerdings in ihrer Gegensätzlichkeit aufeinander bezogen sind.[1] Dementsprechend werden meist grundlegende Unterschiede zwischen Jungen und Mädchen angenommen – Jungen sind laut, störend oder clever, Mädchen sind brav, fleißig oder leise, so lauten gängige Geschlechterzuschreibungen, die sich bis heute bei Lehrkräften, Eltern und Schülerinnen und Schülern gleichermaßen finden lassen (vgl. Budde 2008b).

Doing masculinity
Durch den Blick erstens auf die Probleme und zweitens auf vermeintlich stabile Geschlechterdifferenzen entgeht jedoch zumeist, dass wir nicht von *dem* Jungen ausgehen können, es gibt höchst unterschiedliche: freundliche, fleißige, gewalttätige, traurige, dicke, sportliche, vorlaute, witzige, soziale, verletzende, verletzliche usw. Was viele Jungen eint, ist, dass sie sich im Zuge ihrer Vergeschlechtlichung (der geschlechtlichen Sozialisation) mit gesellschaftlichen Anforderungen in Bezug auf Männlichkeit auseinandersetzen müssen. Dazu gehören Aspekte wie Konkurrenz, Exklusion/Inklusion, Hierarchisierung bzw. Über-/Unterordnung oder Risikobereitschaft – die Liste kann weder vollständig noch allumfassend oder allgemeingültig sein (vgl. Budde 2007). Jungen riskieren sozialen Ausschluss, wenn sie sich der Herstellung und Inszenierung der jeweils gülti-

---

1 Judith Butler bezeichnet dies als „heteronormative Matrix" (Butler 1991, S. 76).

gen Männlichkeit verweigern. Dieser Prozess kann als „doing masculinity" (BUDDE 2005a, S. 67) bezeichnet werden – also als aktive Herstellung von Männlichkeit durch Schüler.

Doing student

Wenn wir Jungen als geschlechtliche Personen verstehen, bietet dies die Möglichkeit, die Lebenslagen von Jungen besser nachvollziehen zu können. Andererseits besteht die Gefahr, die Bedeutung von Geschlecht überzubetonen. Nicht alles, was Jungen tun, tun sie, weil sie Jungen sind. Sie sind ebenfalls Fachmänner (so wie Mädchen Fachfrauen) für die Bewältigung der Situation Schule, die sich durch vielschichtige Anforderungen auszeichnet. Dazu gehören die unterschiedlichen Fächer ebenso wie die Peer-Group, die Pause, die Schulkultur, die Leistungserwartung oder das Verhältnis zu den Lehrkräften. Die Schule als komplexe Einrichtung erfordert, dass sich die Adressaten (also die Schülerinnen und Schüler) mit den immanenten Regeln und Normen auseinandersetzen. Für Kinder, die dauerhaft gegen die schulischen Regeln verstoßen, existieren eine Reihe von Maßnahmen und Sanktionen, um sie ‚schulfähig' zu machen – sprich, um einen reibungsarmen Schulablauf zu ermöglichen.[2]

Kinder und Jugendliche sind – unabhängig vom Geschlecht – an der (zumeist gelingenden) Organisation und Abwicklung der Gesamtveranstaltung Schule aktiv beteiligt, indem sie im Unterricht mitarbeiten oder gemeinschaftliche Aufgaben übernehmen, aber auch durch Störungen oder Mobbing, durch Vorsagen ebenso wie durch Verpetzen. Die Gestaltung der Schule aus ihrer Perspektive, die Mitarbeit im Rahmen ihres „Schülerjobs" (BREIDENSTEIN 2006) kann als „doing student" (BUDDE 2005b, S. 96; auch KAMPSHOFF 2000) bezeichnet werden.

Es gibt Situationen, in denen ein Verhalten im Sinne von doing student angemessener oder erfolgversprechender ist als doing masculinity. Denn wie das Geschlecht ist auch die Rolle des Schülers nicht einfach gegeben, sondern wird durch den sozialen Kontext Schule definiert. Männlichkeit entsteht also nicht immer, sondern wird nur unter bestimmten Bedingungen relevant.

Der folgende Beitrag beleuchtet das spannungsreiche Verhältnis von doing masculinity und doing student unter der Frage, *was* Schüler und ihre Lehrkräfte tun, um Männlichkeit herzustellen und *wie* sie es tun.

---

2 Dass dieser Prozess nicht immer ohne Zwang abläuft, spiegelt sich beispielsweise im Begriff des „Einnordens" oder „Einstielens", mit dem Lehrkräfte den Prozess der Anpassung neuer Lerngruppen an schulische Abläufe beschreiben.

Doing gender und doing student im Unterricht

Um diesem Spannungsfeld nachzugehen, werden Beobachtungsprotokolle aus einem ethnographischen Forschungsprojekt vorgestellt und analysiert, welches am Gymnasium „Zimmerbreite" in einer österreichischen Großstadt durchgeführt wurde. Konkret wurden vier fünfte Klassen in ihrem ersten Jahr an der für sie neuen Schule drei Monate lang mit ethnographischen Methoden begleitet. Alle Klassen wiesen einen höheren Mädchenanteil auf. Beobachtungen wurden vor allem in Deutsch, textilem und technischem Werken, einem schulspezifischen Fach KoKoKo (Kooperation, Kommunikation, Konfliktlösung) sowie teilweise in Mathematik, Englisch, Sport und Religion durchgeführt. Zusätzlich wurden Lehrkräfte und für die Schulkultur relevante Personen – wie die Direktorin, die Administratorin usw. – interviewt. Insgesamt liegen 244 Unterrichtsprotokolle und 54 Interviewtranskripte vor. Abgerundet wurde das Sample durch die Erhebung der Zeugnisnoten, durch zwei Leistungstests, zwei Fragebögen an die Kinder und Schulmaterialien wie Flyer, Jahrbuch, Homepage und Ähnliches (vgl. BUDDE et al. 2008).

Interaktionen unter Schülern

Die erste Beobachtung stammt aus dem technischen Werkunterricht zu Schuljahresbeginn, der Lehrer erklärt den Schülerinnen und Schülern ihre erste Arbeitsaufgabe. Dabei werden wesentliche Mechanismen des doing masculinity deutlich:

„Der Lehrer Herr Klose schreibt an die Tafel, was sie alles für Material benötigen. Antonius und Alex kommentieren unablässig, ab und zu beteiligt sich auch Tobi daran. Der Lehrer steht so, dass er den Mädchentisch gar nicht und die beiden anderen Jungentische auf der linken Seite nur bedingt im Blickfeld hat. Auf die Frage nach dem Schleifpapier ist es aber Larissa gelungen, zu Wort zu kommen. Von da an stellt der Lehrer sich hinter sein Pult, sodass er auch die Mädchen sehen kann.

Antonius kennt sich bei den Nummern des Schleifpapiers offenbar gut aus und dokumentiert dies durch lautes Reinrufen. Herr Klose bittet darum, dass sich gemeldet wird.

Da dies bei Antonius, Alex und Pavel nichts nutzt, ermahnt er Alex: ‚Alex, ich bitte dich, ruhig zu sein und aufzuzeigen'. Antonius ruft weiterhin rein, während Alex erst mal ruhig ist."

Antonius und Alex stören den Unterricht. Sie nutzen die Bühne, die die Situation der Einführung bietet, um Kommentare reinzurufen. Interessant ist, dass die Schüler die Gratwanderung zwischen Unterrichtsbeiträgen und Stören sehr gekonnt beherrschen. So kann Antonius' Reinrufen der

Namen des Schleifpapiers entweder als Störung oder aber als übereifriger Unterrichtsbeitrag gesehen werden. In diesem Beispiel führt die „Performanzorientierung" (FINSTERWALD/ZIEGLER 2002) der Jungen, also das offensive „Sich-zur-Schau-stellen" dazu, dass Mädchen (und oft auch die sogenannten „leisen Jungen") übersehen werden. Larissa scheint es erst nach größeren Anstrengungen zu gelingen, „zu Wort zu kommen", immerhin führt ihre Aktion dazu, dass sich der Lehrer nun auch den Mädchen zuwendet – scheinbar hatte er vorher seinen Unterricht vor allen an die lauten Jungen adressiert.

Die Interaktion zwischen Alex und Antonius zeigt den zentralen Stellenwert, den die gleichgeschlechtliche Peer-Group als „Resonanzboden" für die Unterrichtsstörungen hat. RAEWYN [ROBERT] CONNELL beschreibt dies mit dem Begriff der „komplizenhaften Männlichkeit" (CONNELL 1999, S. 86), welche sich durch die gegenseitige Anerkennung gelungener Männlichkeitsinszenierungen absichert und gleichzeitig dadurch ihr Verhalten normiert. Pavel und später auch Ricardo kommt dabei die Funktion von aktiven Zuschauern zu, die durch die gelegentliche Beteiligung an den Störungen ihre Unterstützung signalisieren.

Der Lehrer reagiert in einer schulüblichen Weise, er ermahnt Alex, bei dem die Ermahnung jedoch nur kurzfristigen Erfolg zeigt, denn im Anschluss ruft er wieder dazwischen, Antonius ändert sein Verhalten überhaupt nicht.

„Alex liest unaufgefordert laut vor, was er sich notiert hat, und fragt Herrn Klose, ob das so richtig sei. Herr Klose bejaht. Larissa hat den Kopf auf dem Tisch liegen.

Der Lehrer fragt, ob alle schon Werken in der Volksschule hatten. Alex sagt, allerdings nicht zum Lehrer, er hätte stattdessen Eurythmie gehabt.

Herr Klose sagt, es gäbe Spielregeln, die hätten sie doch sicher in der Volksschule auch schon gehabt. Pavel ruft: ‚Ja, viel essen hat die Lehrerin immer gesagt.‘ Lehrer: ‚Pavel, kann ich dich bitten, dich immer zu melden? Spaß ist okay, aber nicht immer‘."

Die Disziplinierung scheint nicht den gewünschten Erfolg zu haben. Alex und Antonius rufen weitere unterrichtsbezogene Kommentare dazwischen und sichern sich so – zum Beispiel zu Lasten von Larissa – die Aufmerksamkeit des Lehrers. Als dieser nun fragt, ob den Schülern und Schülerinnen Werken aus der Grundschule bekannt sei, nutzt dies Alex für einen ironischen Einwand, den er an seine Sitzumgebung richtet. Pavel greift die Ironisierung auf und ruft zum Thema Spielregeln dazwischen, dass in seiner Volksschule die Regel „viel essen" gegolten hätte. Da er offensichtlich den Rahmen von scheinbar unterrichtsbezogenen Beiträgen verlässt, ermahnt ihn der Lehrer. Humor und Ironie erweisen sich als wichtige Sozialisationsstrategien komplizenhafter Männlichkeit. Generell gilt Ironie als legitime und anerkannte Ausdrucksform, um Kritik oder Absichten zu formulieren, ohne sich angreifbar zu machen. Einwände gegen ironisches Sprechen können durch den Verweis darauf, dass ‚es doch nicht so gemeint' sei, entkräftet werden, die Aussage wird hinter dem vermeintlich spaßhaften Charakter versteckt.

Gleichzeitig ist Ironie eine gute Möglichkeit, innerhalb der komplizenhaften Männlichkeit Anerkennung zu gewinnen. Erfolgreiche Ironie sichert eine übergeordnete Position, verbleibt allerdings formal im Bereich des Spaßes, stellt also keine gravierende Verletzung dar.

Die Jungen aus der fünften Klasse verwenden – so zeigt der kurze Ausschnitt – zahlreiche Strategien, um Männlichkeit in Interaktionen herzustellen. Der Unterricht fungiert dabei als eine Bühne, auf der ein Teil der Jungen zwischen doing student und doing masculinity chargiert. Vor allem der Frontalunterricht und das lehrkraftbezogene Unterrichtsgespräch erweisen sich dabei als besonders störanfällig. Die Strategien der Lehrkraft, gegen diese Inszenierungen erfolgreich vorzugehen, scheinen recht ineffektiv, von Larissa wird berichtet, dass sie resigniert, dies kann auch für andere Schülerinnen und Schüler erwartet werden.

Herstellung von Männlichkeit durch Lehrkräfte

Im nächsten Beispiel wird deutlich, dass auch Lehrkräfte daran beteiligt sind, Männlichkeit herzustellen, beispielsweise indem durch die Konstruktion von Geschlechterdifferenz eine für Jungen als typisch angesehen Reaktion hervorgerufen wird. Das Beispiel stammt aus einer Englischstunde, vorausgegangen war eine Übung aus dem Lehrbuch mit folgender Anweisung: „Die boys stellen die Fragen und die girls antworten". Anschließend sollen freie Dialoge geübt werden:

„Pavel soll Susanne eine Frage stellen, ob sie Süßigkeiten haben möchte. Der wird rot und schüttelt den Kopf. Er sagt nichts. Die Lehrerin Frau Niemann: ‚Aber sie sieht hungrig aus …' Er sagt immer noch nichts. Dann sagt die Lehrerin: ‚Wir können warten …' Antonius schlägt vor, dass Pavel nun Minuspunkte kriegt. Pavel sagt dann, dass er nicht fragen könne. Dann sagt die Lehrerin, dass er nach der Stunde zu ihr kommen soll. Anschließend soll Ilonka Jenny fragen. Der Dialog läuft reibungslos. Gerrit darf sich dann aussuchen, an wen er eine Frage richten will. Er wählt Thorsten, was die Lehrerin mit einem freundlichen ‚Das habe ich mir schon gedacht' kommentiert."

Im Englischunterricht ist das Thema Geschlechterdifferenzen bereits durch die Aufgabenstellung eingeführt. Als es dann um das Üben von freien Dialogen geht, dramatisiert Frau Niemann die Geschlechtszugehörigkeit, indem sie Pavel auffordert, Susanne auf Englisch Süßigkeiten anzubieten. Dieser weigert sich jedoch kommentarlos, ihrer Aufforderung nachzukommen. Auch der durchaus lustig gemeinte Einwand, dass Susanne hungrig aussähe (und somit die Süßigkeitengabe an Bedeutung noch gewinnt[3]), führt nicht zum Erfolg. Antonius schlägt daraufhin eine schulübliche Form der Sanktionierung vor, nämlich die Vergabe von Minuspunkten.

Nun sagt Pavel, dass er nicht fragen *könne*. Ob sich dies auf persönliche Scheu oder sprachliche Defizite bezieht, bleibt unklar – in beiden Varianten sagt er etwas Ungewöhnliches, er gesteht eine Schwäche ein. Denn entweder ist er zu schüchtern, um Susanne auf dieser „Geschlechterbühne" anzusprechen, und markiert eine persönliche Grenze dadurch, dass er eine „Schwäche" offenlegt. In diesem Falle misslingt ihm die geforderte männliche Souveränität. Oder aber er offenbart ein schulisches Defizit, da er aufgrund von Schwächen in Englisch nicht in der Lage ist, die Frage zu formulieren. Stimmt die erste Lesart, wäre es sinnvoll, seine persönliche Botschaft zu respektieren und ihn darin zu bestärken, seine Grenzen zu wahren.

Stimmt die zweite Lesart, dann bräuchte er Hilfe, da er die Aufgabe offensichtlich nicht lösen kann. Frau Niemann entscheidet sich jedoch für eine andere Variante, nämlich die Ankündigung einer Sanktion: Pavel soll „nach der Stunde zu ihr kommen". Die geäußerte Hilflosigkeit wird übersehen, im Mittelpunkt steht die Leistungsverweigerung, welche die Lehrerin zu ahnden gedenkt.

Mutmaßlich spielt die Tatsache, dass Pavel ansonsten ein Junge ist, der durch Disziplinschwierigkeiten auffällt, bei ihrer Reaktion eine wichtige Rolle. Pavel gilt als Störenfried, der „am Anfang sehr problematisch" gewesen sei, so die Lehrerin in einem Interview. Hier zeigt sich, dass der Blick auf Probleme bei Jungen gleichzeitig dazu führen kann, die Probleme zu verstärken. Sein Junge-Sein kann der Lehrerin als Erklärung der Weigerung dienen.

Nun kommt Ilonka dran, sie soll Jenny fragen. Gerrit wird dann freigestellt, wen er aufrufen möchte. Er entscheidet sich mit Thorsten für einen Jungen und verbleibt damit (wie auch Ilonka und Jenny) in einer gleichge-

---

3 Mit der Aufforderung, Susanne Süßigkeiten anzubieten, wird durch die Lehrerin mit der Figur des Ernährers unter der Hand ein tradiertes Bild „hegemonialer Männlichkeit" (CONNELL 1999) installiert. Auch eine später geäußerte Beschwichtigung der Lehrerin „Du sollst sie ja nicht gleich heiraten" rekurriert (wenn auch in Negation) auf das gleiche tradierte Geschlechtermodell.

schlechtlichen Kommunikation. Der Kommentar der Lehrerin („Das habe ich mir gedacht") bezieht sich vermutlich darauf, dass die beiden Jungen gut befreundet sind. Gleichzeitig dokumentiert der Kommentar, dass sie die gleichgeschlechtliche Option für die wahrscheinlichere und angemessenere hält. Die Aufforderung an Pavel, ein Mädchen aufzurufen, erscheint unter diesem Blickwinkel als prekär.

Somit führt die Unterrichtsanordnung der Lehrerin mit dazu, dass Pavel ein jungentypisches Unterrichtsverhalten an den Tag legt. Die Annahme der stabilen und heterosexuellen Differenz, die hier deutlich wird, dramatisiert für Pavel die Bedeutung, die dem Geschlecht in der Situation zukommt. Die Lehrerin ist dadurch mit daran beteiligt, jene Geschlechtergrenzen herzustellen, die sie selber erwartet. Lehrkräfte können also am doing masculinity ihrer Schüler beteiligt sein, die Konsequenzen hat in diesem Falle der Schüler Pavel zu tragen.

Pausenspiele

Entgegen der Ansicht, dass Jungen und Mädchen per se unterschiedlich sind, und sie – wie es eine Lehrerin in einem Interview formuliert – ein Interesse hätten, „unter sich zu bleiben", zeigen sich in unserer Untersuchung zahlreiche Beispiele, in denen es zu selbstverständlichen Interaktionen zwischen Jungen und Mädchen kommt, meist jedoch in informellen Kontexten. Die folgende Beobachtung wurde in einer Pause gemacht:

„An der hinteren Stirnseite befindet sich ein ca. hüfthohes Regal, auf dem einige Schüler und Schülerinnen sitzen. Sie verbringen die Pause mit Computerspielen. Einer der Spielecomputer gehört Hermann, ein weiterer einem anderen Schüler. Es kommen und gehen immer mal wieder welche. Es sind zwar mehr Jungen als Mädchen da, aber die Interaktionen laufen durcheinander.

Eine oder einer spielt, die anderen schauen zu, unterhalten sich oder spielen mit ihren Handys. Auch darüber sprechen sie dann, indem sie sich ihre Handys zeigen. Nach irgendeinem System wird der Computer immer weitergereicht. Es kommen nicht alle dran, aber es wird abgegeben."

Einige spielen in der Pause mit kleinen Computern oder ihren Handys. Geschlechterdifferenzen scheinen in dieser – freiwillig gewählten – Situation keine Rolle zu spielen. So geht das Beobachtungsprotokoll weiter:

„Eine Schülerin kommt vorbei mit einer Tüte Süßigkeiten. Zuerst gibt sie den Mädchen. Ferdinand ruft: ‚Gemeine Jungenbenachteiligung'. Er bekommt auch etwas Süßes, die anderen Jungen auch. Dann will Ferdinand zu seinem Platz und irgendetwas holen. Er sagt zu Mustaq, der neben ihm sitzt: ‚Pass auf meinen Platz auf, Comandante'. Mustaq tut das."

Im weiteren Verlauf bringt Ferdinand selber Geschlechteraspekte in die Interaktion ein. Nachdem ein Mädchen Süßigkeiten an ihre Mitschülerinnen verteilt, beschwert er sich, dass dies „Jungenbenachteiligung" sei. Dieser humorvolle Bezug auf gesellschaftliche Diskurse ist erfolgreich, denn „er bekommt auch etwas Süßes". Geschlecht wird hier zwar thematisiert, allerdings nicht als identitäre Zugehörigkeit, sondern als spaßhafter Einsatz, um etwas anderes (Süßigkeiten) zu erhalten. Es geht Ferdinand nicht um die Herstellung von Männlichkeit, sondern um ein Spiel mit der Kategorie.

Dies bedeutet nicht, dass Ferdinand in jedem Fall Männlichkeitsnormen zurückweist, was deutlich wird, als er seinem Freund Mustaq unter Rückgriff auf militärische Umgangsformen befiehlt, auf seine Sachen aufzupassen. Dies wird durch den Zusatz des militärischen Ranges „Comandante" noch verstärkt. Ferdinand beherrscht das Spiel, indem er Darstellungsformen von Männlichkeit variiert. Männlichkeit ist somit keine statische Größe, sondern ein in sozialen Situationen produziertes Kontextwissen. Anschließend werden die Interaktionen körperlicher:
„Kira jagt Mathias durch die Klasse. Sie necken sich. Raphael rutscht aus, springt aber wieder auf und tut, als ob Kira ansteckend sei. Sie stehen nun zwischen den Bänken auf der Fensterseite. Gerrit zu Kira: ‚Du bist schwach!' Daraufhin beginnt sie, ihn zu würgen, es ist im Spiel, aber schon sehr energisch. Dann steht Chantal mit Hermann und Ferdinand bei dem Regal und plaudert mit ihnen. Ich kann nicht verstehen, worum es geht. Dann beginnt sie, Hermann wegzudrücken. Es ist ein neckendes Kräftemessen."

Kira und Mathias beginnen, sich neckend durch die Klasse zu jagen. Dabei spielen sie ein Spiel, welches bereits BARRIE THORNE als „Verseuchung" (THORNE 1993, S. 65) beschrieben hat. Dieses Spiel dient einerseits dazu, Geschlechterdifferenzen herzustellen, indem sich Mathias von der „ansteckenden" Kira abgrenzt, andererseits ist das Spiel ebenfalls eine Einladung, die Geschlechtergrenzen zu überwinden, indem die „Ansteckung" durch eine Variante des Fangenspiels weitergegeben wird.

Anschließend wirft Gerrit Kira vor, dass sie „schwach" sei. Diesem Vorwurf begegnet sie durch eine Reaktion, die gewöhnlicherweise von Jungen erwartet wird: Sie beginnt, ihn zu würgen. Der Vorwurf der Schwäche scheint für sie ein Makel, den sie tilgen möchte. Auch die Interaktion zwischen Chantal und Hermann dokumentiert die Bandbreite an Interaktionen zwischen Jungen und Mädchen im schulischen Alltag.

Fazit

Jungen nutzen die schulische Bühne, um Männlichkeit herzustellen: Ironie, Provokation, Abgrenzungen gegenüber Mädchen oder Störungen sind im Rahmen der männlichen Peer-Group anerkannte Strategien dafür. Meist führen diese Strategien zu Konflikten mit dem Kontext Schule. Wenngleich die Jungen in den konkreten Situationen durchaus gekonnt zwischen doing student und doing masculinity hin und her lavieren, erweist sich dies Verhalten dauerhaft als riskant, da die Bildungsmisserfolge von einem Teil der Jungen unter anderem auf negatives soziales Verhalten zurückgeführt werden können (vgl. BUDDE 2006). Allerdings – so zeigt das zweite Beispiel – sind Lehrkräfte nicht ganz unbeteiligt: Durch die Dramatisierung von Geschlechterdifferenzen können sie zur Reproduktion von geschlechterstereotypem Verhalten beitragen. Die Fokussierung auf Jungen als Problemverursacher verschärft diesen Zusammenhang noch, da so die Wahrnehmung von Vielschichtigkeit und Heterogenität eingeschränkt wird, die ja bei Jungen durchaus vorhanden ist – so wie im letzten Beispiel. Entgegen der Annahme einer stabilen Differenz zwischen Jungen und Mädchen zeigen sich im informellen Rahmen wie der Pause zahlreiche Verhaltensvariationen.

Literatur

BREIDENSTEIN, GEORG (2006): Teilnahme am Unterricht. Ethnographische Studien zum Schülerjob. VS Verlag, Wiesbaden

BUDDE, JÜRGEN (2005a): Doing gender – Doing masculinity. In: Zeitschrift für Frauenforschung und Geschlechterstudien, Jg. 23, Heft 4, S. 67–78

BUDDE, JÜRGEN (2005b): Männlichkeit und gymnasialer Alltag. Doing gender in heutigen Bildungsinstitutionen. transcript, Bielefeld

BUDDE, JÜRGEN (2006): Jungen als Verlierer? Anmerkungen zum Topos der ‚Feminisierung von Schule'. In: Die Deutsche Schule, Jg. 98, Heft 4, S. 488–500

BUDDE, JÜRGEN (2007): Von lauten und von leisen Jungen. In: Reihe „Schriften des Essener Kollegs Geschlechterforschung". Essen

BUDDE, JÜRGEN (2008a): Herstellung sozialer Positionierungen. Jungen zwischen Männlichkeit und Schule. In: PECH, DETLEF (Hrsg.): Jungen und Jungenarbeit – eine Bestandsaufnahme des Forschungs- und Diskussionsstandes. Schneider Verlag, Baltmannsweiler

BUDDE, JÜRGEN (2008b): Bildungs(miss)erfolge von Jungen und Berufswahlverhalten bei Jungen/männlichen Jugendlichen. Expertise im Auftrag des BMBF, Bonn

BUDDE, JÜRGEN et al. (2008): Geschlechtergerechtigkeit in der Schule. Eine Studie zu Chancen, Blockaden und Perspektiven einer gendersensiblen Schulkultur. Juventa, Weinheim

BUTLER, JUDITH (1991): Das Unbehagen der Geschlechter, Suhrkamp Verlag, Frankfurt/Main

CONNELL, RAEWYN (ROBERT) W. (1999): Der gemachte Mann. Leske + Budrich: Opladen

FINSTERWALD, MONIKA/ZIEGLER, ALBERT (2002): Geschlechterunterschiede in der Motivation. In: Bildung und Begabung e.V. (Hrsg.): Hoch begabte Mädchen und Frauen. S. 67–84. Bad Honnef, www.bildung-und-begabung.de/verein/links/Hoch_begabte_Maedchen_und_Frauen.pdf

KAMPSHOFF, MARITA (2000): Doing gender und Doing pupil – erste Annäherungen an einen komplexen Zusammenhang. In: LEMMERMÖHLE, DORIS et al. (Hrsg.): Lesarten des Geschlechts. Zur De-Konstruktionsdebatte in der erziehungswissenschaftlichen Geschlechterforschung. Leske + Budrich: Opladen, S. 189–203

THORNE, BARRIE (1993): Gender Play: Boys and Girls in School. Rutgers University Press, New Brunswick

1.4 Geschlechtergerechte Pädagogik in koedukativen Strukturen

von Astrid Kaiser

„Jungen" als besonderes pädagogisches Thema ist relativ neu in der Genderpädagogik, die zuerst von der Frauenbewegung ab 1970 entdeckt wurde. Ein spezifischer Fokus auf Jungen ist erst allmählich gerichtet worden. So wurde 1988 die erste schulpädagogische Expertise zur Jungensozialisation veröffentlicht (ENDERS-DRAGÄSSER/FUCHS 1988) und Kaiser veröffentlichte Artikel mit Fokus auf die männliche Sozialisation in der Grundschule (KAISER 1985). Wichtig für die Verbreitung dieser Perspektive war das Buch „Kleine Helden in Not" (SCHNACK/NEUTZLING 1990), in dem auf die Widersprüche zwischen gesellschaftlichem Größeimperativ und realer psychischer Existenz von Jungen verwiesen wurde. Im schulischen Alltag wird bei Jungen vor allem das auffällige Verhalten betont. „Insbesondere ist hinlänglich bekannt, dass Jungen mehr in körperliche Auseinandersetzungen verwickelt sind – als Opfer wie als Täter – und den größeren Teil der wegen aggressivem sowie auch wegen schuldeviantem Verhalten auffälligen Kinder und Jugendlichen stellen" (ROHRMANN 2007, S. 145).

Mittlerweile wird die Jungenfrage in den Medien dramatisiert. Tatsächlich nimmt die Zahl der Jungen an Gymnasien ab und an Hauptschulen zu, die Durchschnittsnoten entwickeln sich mehr und mehr zugunsten der Mädchen. Jungen „weisen durchschnittlich eine höhere Distanz zur schulischen Leistungskultur ... auf als Mädchen ... Diese Kultur der Jungen trägt dazu bei, dass sie im Durchschnitt schlechtere Schulleistungen als Mädchen erbringen, in Fördermaßnahmen und Beratungsstellen überrepräsentiert und schon in der Primarstufe mit der Schule unzufriedener sind als Mädchen" (FUHR 2007, S. 135).

Die Gefahr bei der öffentlichen Rezeption dieser Daten ist allerdings eine Dramatisierung und damit Stigmatisierung von Jungen, wie es in der gegenwärtigen öffentlichen Debatte passiert. In diesem Beitrag sollen pädagogische Möglichkeiten vorgestellt werden, die Jungen fördern, ohne sie zu besonders schwierigen Fällen abzustempeln. Diese pädagogischen Ansätze sind in verschiedenen Praxisprojekten wie dem niedersächsischen Schulversuch erprobt worden und haben sich als praktikabel erwiesen.

Grundsätze der Jungenförderung

Hier werden nicht die theoretischen Grundsätze der Jungenpädagogik ausgeführt, die an anderer Stelle zu finden sind (KAISER 2005, KAISER u. a. 2003), sondern primär die pädagogischen Konsequenzen.

Die individuelle Vielfalt sehen!
Wenn wir etwas verändern wollen, gibt es lerntheoretisch grundsätzlich zwei verschiedene Möglichkeiten, nämlich die negativ bewerteten Inhalte – hier die Geschlechterdifferenzen – zu ignorieren und zu löschen zu versuchen oder schrittweise gerade an der gegebenen Entwicklung anzuknüpfen und Alternativen zu lernen. In der Geschlechterfrage heißt dies, entweder die Differenzen nicht zu betonen und mehr das Allgemeine zu sehen oder gezielt zu versuchen, kompensatorisch vorzugehen. Die Gefahr der Verstärkung der Differenzen durch besondere Beachtung ist ernst zu nehmen. Es ist zu fragen, ob es legitim ist, Geschlechterdifferenzen zu thematisieren. Werden sie nicht gerade dadurch gestärkt, dass man sie anschaut? „Die differenztheoretische Sicht führt leicht zu einer defizitorientierten Perspektive auf Jungen. (…) wir müssen auch Gemeinsamkeiten zwischen Jungen und Mädchen sowie Unterschiede zwischen Jungen untersuchen" (FUHR 2007, S. 135).

Bereits 1984 hat CAROL HAGEMANN-WHITE bei ihrer Übersicht über den Forschungsstand darauf verwiesen, dass die individuellen Unterschiede größer sind als die Geschlechterdifferenzen (HAGEMANN-WHITE 1984). „Vor allem die angelsächsische Forschung weist darauf hin, dass das Geschlecht allein den Schulerfolg, die Gewaltbereitschaft, die Interaktionsformen zwischen Jungen und ihr Männlichkeitsbild nicht erklären kann. Einflüsse ergeben sich auch durch das soziale Milieu bzw. die soziale Klasse, das Alter, den ethnischen Hintergrund, biographische Aspekte, die Kultur der Schule und die sexuelle Orientierung" (FUHR 2007, S. 135).

Es kommt also darauf an, Jungen und Mädchen nicht als monolithische Blöcke zu betrachten, sondern jedem einzelnen Kind spezifische Entwicklungsmöglichkeiten zuzusprechen und den jeweiligen individuellen Entwicklungsstand zu sehen. „Das Erkennen geschlechtstypischer Handlungs- und Bewältigungsstrategien ist Voraussetzung dafür, möglichen Einschränkungen im Selbstbild und in den Interaktionen von Kindern entgegenzuwirken und die Handlungsspielräume beider Geschlechter zu erweitern. Dabei müssen neuere Ergebnisse der Geschlechterforschung berücksichtigt werden, in denen betont wird, dass es ‚das' Mädchen und ‚den' Jungen nicht gibt" (ROHRMANN 2007, S. 147). Wichtig ist es vor allem, an den positiven Entwicklungspotenzialen jedes einzelnen Kindes anzusetzen.

Hier ergibt sich ein kompliziertes Verhältnis zwischen Theorie und Praxis. Als Perspektive ist es wichtig, mehr die Individuen zu betrachten und an ihren individuellen Kompetenzen anzusetzen. Denn die Unterschiede zwischen den Individuen sind größer als die der Geschlechter. Real setzen sich allerdings auch ohne unser Zutun Geschlechterdifferenzen durch, wie die vielen Untersuchungen zeigen. Diese Differenzen in der Praxis zu negieren, hieße, die alltäglichen Geschlechterkonstruktionen unbemerkt weiter wirken zu lassen.

Der andere Blick der Lehrpersonen: nicht in Stereotypen denken
Auf dem Weg zu einer nachhaltigen Förderung für Jungen kommt es darauf an, dass die Lehrpersonen einen geschlechtssensiblen Blick erwerben. „Viel hängt bei [...] Angeboten vom Bewusstsein und Modellsein der Lehrenden ab. Alle empirischen Untersuchungen bestätigen diese Schlüsselrolle der erwachsenen Bezugspartner. Eine geschlechtergerechte Schule beginnt bei wirksamen Maßnahmen zur Beseitigung geschlechterunfairen Verhaltens der Lehrpersonen durch Weiterbildungstrainings mit Verhaltensfeedback. Das ist entscheidender als die Arbeit in geschlechtshomogenen oder gemischten Kleingruppen, obwohl die partielle Aufhebung der Koedukation in bestimmten Situationen auch nützlich sein kann. Es ist fast überflüssig zu erwähnen, dass Schule mehr Männer mit Genderbewusstsein und Heterogenitätskonzept braucht" (SIELERT 2007, S. 25).

Nur wenn Lehrerinnen und Lehrer das eigene Vorurteil über die Geschlechter reflektieren können, sind sie auch in der Lage, es zu überwinden, und tragen nicht alltäglich dazu bei, Geschlechterstereotype zu verstärken. Besonders im alltäglichen Unterrichtsarrangement schleichen sich unterbewusste Stereotype unter dem Anschein des Fachlichen ein (PRECHTL/REINERS 2007). Derartige Prozesse sind immer wieder zu reflektieren und überhaupt zu identifizieren. Dazu sind landesweite Fortbildungsmaßnahmen der zentrale Schritt. Denn genau so wie die Stereotype durch bestimmtes Sehen nach gesellschaftlich tradierten Symbolsystemen entstehen, so ist durch das Wahrnehmen und Aufdecken dieser Mechanismen die Veränderung derselben möglich. Allerdings ist das Verändern immer schwieriger und langwieriger als die bloße Reproduktion vorhandener Muster.

Organisationsmodelle der Jungenförderung
Homogene oder heterogene Gruppierungsform
In der pädagogischen Debatte um Jungenarbeit spielt in Deutschland stärker die Gruppierungsform als die inhaltliche Konzeption eine Rolle. Spezielle Jungengruppen werden vor allem als Ort der Ich-Identitätsfindung und des sozialen Lernens in der Schule gefordert (KAISER 2001). Doch diese Gruppierungsform ist ambivalent und nicht per se förderlich für Jungen. So gibt es klare kritische Stellungnahmen: Denn „bei geschlechtshomogener Arbeit befindet sich der Pädagoge in einem Dilemma: In reinen

Jungengruppen mit einem männlichen Pädagogen wird einerseits das Geschlecht konstruiert, weil die Jungen sich in dieser Gruppe einfinden und sich so als Männer definieren. Andererseits ist es in dieser geschlechtshomogenen Gruppe möglich, ein differenziertes Bild der Jungen wahrzunehmen: Die Frage der Geschlechterzugehörigkeit wird ignoriert, sodass die Vielfalt der verschiedenen Jungen in den Vordergrund tritt. Der Vorteil geschlechtshomogenen Arbeitens liegt in der Offenheit. In koedukativen Gruppen können heikle Themen wie Sexualität, männliche Angst oder Unsicherheit nur unzureichend erklärt werden, weil sich die Jungen möglicherweise verstellen würden" (SCHIERMEYER/JAHNKE-KLEIN 2007, S. 38 f.).

ROHRMANN (2008) hat in einer umfassenden Literaturanalyse und anschließenden Diskussionen in Expertengruppen herauskristallisiert, dass es nicht die eine richtige Form gibt, sondern dass deren Wirksamkeit immer vom pädagogischen Kontext abhängt. Er verweist auf das große Interesse von Kindern an homogenen Spielbezügen, aber auch an heterogenen Kontakten. Für den Abbau von Stereotypen scheint die geschlechtshomogene Gruppe allein nicht ausreichend zu sein. Bloße organisatorische Separierung von Mädchen und Jungen scheint da wenig ausrichten zu können. „Ein geschlechtshomogener Unterricht schützt jedoch nicht vor geschlechtbezogenen Stereotypisierungen" (FAULSTICH-WIELAND 2008, S. 51). Es muss also neben der Gruppierung auch ein angemessenes pädagogisches Konzept für Jungen in derartigen Jungenstunden geboten werden (vgl. KAISER 2001; KAISER u. a. 2003). Wichtig ist bei einer derartigen Pädagogik, dass Jungenstunden nicht überbetont werden, im niedersächsischen Schulversuch wurde eine Stunde pro Woche angeboten, die von den Jungen wie Mädchen sehr positiv aufgenommen wurde (KAISER u. a. 2003). Die Untersuchung der Unterrichtsgespräche zeigte, dass in den homogenen Gruppen deutlich mehr Äußerungen protokolliert werden konnten, die das stereotype Geschlechtermuster überwunden hatten.

Unterrichtsarrangements: statt Bühne der Selbstdarstellung differenziertes Lernen

Die Konflikte und Probleme, denen Jungen in ihrer Sozialisation ausgesetzt sind, verstärken auffälliges Verhalten bei einigen Jungen, was in der Praxis zu einer Gesamtwahrnehmung von Jungen als Problemgruppe führt. Wenn dies noch zusätzlich betont wird, geschieht geradezu eine Verstärkung der als negativ bewerteten Verhaltensweisen. „Statt einer Dramatisierung von Geschlecht sollte eine Bewusstseinsschärfe für eine genderbewusste Perspektive erfolgen. Eine pädagogische Antwort auf die Frage, wie viel Beachtung das Geschlechterverhältnis braucht, kann nur lauten: So wenig Aufmerksamkeit wie möglich und so viel wie nötig"

(BREUER/JAHNKE-KLEIN 2007, S. 139). Die Interaktionsstudien zeigen, dass die verbale Dominanz von Jungen in der Schule besonders im Fall von Disziplintadel steigt (KAISER 1994), während sie in offeneren Arrangements weniger die Bühne der Selbstdarstellung haben und somit weniger auffällig sind.

Deshalb sollte besonders vom methodischen Arrangement her die schulische Arbeit so gestaltet werden, dass präventiv vermieden wird, dass Jungen in die Rolle der Störenden geraten: „Fragend-entwickelnder Frontalunterricht steht sehr stark in der Gefahr, durch Regelbrüche ‚gestört‘ zu werden. Aktivierende Formen, die alle Kinder und Jugendlichen einbeziehen, erlauben eher, Grenzen als notwendige Voraussetzungen für ungestörtes Lernen statt als disziplinierende Anordnungen durch Lehrkräfte zu erfahren. Rollenspiele und Theaterprojekte bieten darüber hinaus gute Gelegenheiten, Inszenierungen von Mädchen und Jungen als Ressourcen zu nutzen, statt sie zu Problemen werden zu lassen" (FAULSTICH-WIELAND 2007, S. 93).

Fächerübergreifende Projekte und differenziertes Erkunden und Erproben, praktisch-handelnde Lernaufgaben und bewegtes Lernen scheinen die methodischen Formen zu sein, die Jungen präventiv auf die Inhalte orientieren und nicht Dominanzverhalten provozieren. Besonders Gruppenarbeit ist eine Sozialform des Unterrichts, die eher die Gleichverteilung der Beiträge fördert (KAISER 1996). Vor allem an Grundschulen gibt es schon viel Expertise zu diesen Formen, sie sind bislang noch nicht genug unter der Perspektive Jungenarbeit reflektiert und untersucht worden.

Praktische Wege der Jungenförderung im niedersächsischen Schulversuch

Im niedersächsischen Schulversuch „soziale Integration" in einer jungen- und mädchengerechten Grundschule wurde erstmals auf Landesebene an vier verschiedenen Versuchsschulen schon ab dem ersten Schuljahr die Erprobung von Jungenstunden und Mädchenstunden begonnen. Jede Schule sollte nach ihrem eigenen Konzept versuchen, Jungen- und Mädchenstunden gemäß dem Versuchziel „soziale Integration" umzusetzen. Dabei sind sehr verschiedene Praxisansätze für die Jungenstunden entstanden, die hier beispielhaft gegenübergestellt werden sollen.

Biografiearbeit

DETLEF PECH geht davon aus, dass Jungen im Laufe ihrer Biografie Muster und Stereotype männlichen Verhaltens erwerben und dass Biografiearbeit nachhaltig verändernd wirkt. Dazu hat er vielfältige Ansätze des pädagogischen Arbeitens mit Jungen vorgeschlagen. Wichtig ist ihm dabei, dass dies von authentischen Männern geleitet wird. Dazu schlägt er vor, die eigenen biografischen Gefühlserfahrungen etwa beim Tod des eigenen Haustieres zu thematisieren oder sich selbst auch durch Fotos als kleiner Junge vorzustellen (vgl. PECH 2001).

An männliche Symbole für andere Ziele anknüpfen
„Eine Herausforderung der Jungenpädagogik ist es, die Balance zu finden zwischen den Anknüpfungen an ‚jungentypische‘ Gegenstände und den Zielen, die den Horizont stereotyp einengender Erfahrungen überschreiten" (ILLGEN 2000, S. 116). Dazu haben wir im Schulversuch den Anregungsansatz entwickelt. Im Rahmen dieses Ansatzes geht es darum, inhaltlich konkret an das anzuknüpfen, was Jungen interessiert und sie anspricht, um daraus weiterentwickelnd neue Lernerfahrungen zu schaffen, die über den bisherigen Kompetenzbereich von Jungen hinausgehen. ILLGEN schlägt das Unterrichtsbeispiel Stockspiele vor.

Bei diesem Unterrichtsbeispiel werden die für männliche Symbolik (Zepter, Schwert) sehr beliebten Stöcke als Gegenstand genommen. Auch im Alltag haben Stöcke einen hohen Aufforderungscharakter besonders für Jungen. Dazu werden 38 bis 40 cm lange, verschieden geformte, etwa fingerdicke Stöcke aus Haselnuss geschnitten, die bei alljährlichem Gehölzschnitt in vielen Gärten anfallen (vgl. ILLGEN 2000, S. 116). ILLGEN hält diese Stöcke für eine günstige Chance, „verlorenes Terrain" für seine Schüler zurückzugewinnen. Mit diesen Stöcken werden dann verschiedene Geschicklichkeitsaufgaben durchgeführt, die Kooperation und Feingefühl bei Jungen erfordern (vgl. ILLGEN 2000), wie beispielsweise:

- Meditationsübung: Zu Kalimbamusik ‚belegen‘ immer zwei Jungen einen gemütlich am Boden auf dem Bauch liegenden Jungen mit 10 bis 15 Stöcken.
- Jeder ertastet den eigenen Stock mit geschlossenen Augen.
- Ein Gegenstand wird mit einem oder zwei Stöcken transportiert.

In diesem Praxisband (KAISER/WIGGER 2000) stellen die Autoren weitere Unterrichtsideen vor, zum Beispiel wie ein Autorennen in ein kooperatives Bewegungsspiel in der Turnhalle verwandelt wird, bei dem die laufenden Jungen lernen, sich aufeinander einzulassen und sich aneinander zu orientieren.

Eine weitere Praxismöglichkeit ist das Herstellen einer ägyptischen Schriftrolle im Rahmen einer Unterrichtsreihe für Jungenstunden (TIARKS 2000) zum Thema Sprache (Gebärdensprache, Sprache der Musik usw. als Inhalte). Dabei soll eine echt wirkende alte Schriftrolle hergestellt werden. Den Alterungseffekt erreicht man durch das Eintauchen des Papiers in schwarzen Tee sowie durch das Ansengen der Ränder oder durch Brandlöcher. Dabei dürfen die Jungen Grenzen überschreiten, nämlich durch das Ansengen und Verschmutzen von beschriebenem Papier. Dies ist allerdings mit der sinnvollen Herstellung eines wertvollen Produktes in Form der modellhaften Imitation einer historischen Sachquelle verbunden. Damit wird Grenzüberschreitung mit Regeleinhaltung kombiniert. Das Bedürfnis vieler Jungen nach Zerstörung wird nicht destruktiv, sondern kulturell produktiv aufgegriffen.

Neue Konzepte der Jungenförderung

Bewegte Schule

STROBEL-EISELE und NOACK (2006) belegen aus den Daten ihrer Untersuchung, dass Jungen einen besonderen Bewegungsdrang aufweisen, was auch pädagogisch als Potenzial zu interpretieren ist. Leider ist die Integration von Bewegung in das allgemeine Lernen bislang zu wenig aus der Geschlechterperspektive reflektiert worden. Damit ist eine entscheidende Domäne des Interesses von Jungen tangiert: „Bewegung, Spiel und Sport gehören zu den häufigsten und wichtigsten Freizeitbeschäftigungen von Jungen. 53 Prozent bezeichnen das Sporttreiben als sehr wichtig in ihrer Freizeit; bei den Mädchen sind es 33 Prozent. Knapp 60 Prozent der Jungen sind Mitglied in einem Sportverein (Mädchen: 45 Prozent), 75 Prozent der Jungen gehen daneben informellen Sporttätigkeiten nach (Mädchen: 55 Prozent). Die beliebtesten Sportarten im selbstorganisierten Sport von Jungen sind Fußball, Basketball, Radfahren, Schwimmen und Skaten. Fragt man nach den Bedürfnissen und Motiven von Jungen im Sport, so wird der Wunsch nach Leistung und Erfolg an erster Stelle genannt. Das Sich-Messen und das Vergleichen haben bereits im Vor- und Grundschulalter eine zentrale Bedeutung für sie" (NEUBER 2007, S. 68).

Die hohe Motivation von Jungen für Bewegung ist deutlich. Die Konsequenz wäre, Bewegung systematisch in das allgemein bildende Curriculum zu integrieren, um Jungen bessere Zugänge zu bieten. Hier ist allerdings noch viel Entwicklungsarbeit zu leisten, um die schulischen Bildungsziele in eine bewegungsorientierte Konzeption zu integrieren.

Inhaltlich differenzierte Lernförderung von Jungen

Viele Untersuchungen zeigen allerdings, dass es gegenwärtig statt schulischer Förderung schulische Faktoren gibt, die Jungen – jedenfalls aus unteren Sozialschichten und mit Migrationshintergrund – besondere Probleme bereiten. So betrachten viele Schriften „das Underachievement – den Mangel an Bildungserfolg und Bildungsfortschritt der Jungen – als Konsequenz einer extrinsisch verursachten Behinderung ihres Lernens. Dazu gehören beispielsweise Lehrpersonen, die schlecht unterrichten respektive den Unterricht nicht auf die Bedürfnisse der Jungen ausrichten, ein inadäquates und feminisiertes Curriculum sowie wenig stimulierende und ausschließlich auf soziale Kompetenz ausgerichtete Unterrichtsmethoden" (Stamm 2008, 116).

Für den Schriftspracherwerb ist empirisch belegt, dass Jungen andere Wörter als Mädchen eher richtig schreiben. In den frühen Diktaten kommen aber eher die Wörter der Mädchen als die der Jungen vor (Richter 1999). Eine generelle Umorientierung didaktisch-methodischer Zugangsweisen für den Unterricht zur Motivierung von Jungen scheint ein wichtiger Faktor zu sein.

Nicht nur für den naturwissenschaftlichen Unterricht, sondern für alle Fächer kommt es vor allem darauf an, dass eine Lehrperson unterschiedliche und jeweils passende Zugänge bietet, die Schüler motiviert (vgl. Faulstich-Wieland u. a. 2008, S. 9). Sensibel und systematisch müssen die Lernvoraussetzungen der Schüler analysiert werden, um die für Jungen geeigneten Anknüpfungspunkte an vorhandene Stärken zu finden. Gleichzeitig verhindert eine flexible und bewegliche Unterrichtsstruktur Handlungsbarrieren für eine wirksame didaktische Differenzierung. Denn „ein Unterricht, der versucht, jedem Individuum gerecht zu werden, kann als ein geschlechtergerechter Unterricht angesehen werden" (Faulstich-Wieland/Willems/Feltz 2008, S. 12). „Gerade die individualisierenden Unterrichtsstrategien nehmen das konkrete Kind in den Blick und fokussieren nicht primär das an *den Jungen* oder *den Mädchen* orientierten pauschale Denken an Geschlechterdifferenz" (Faulstich-Wieland 2008, S. 60).

Für eine gendergerechte Pädagogik müssen Modelle didaktischer bzw. curricularer Differenzierung (Bönsch 2000) entwickelt werden, welche die allgemeinen Bildungsinhalte nach Lernwegen und Zugangsweisen differenziert für alle Schülerinnen und Schüler anbieten – unabhängig von Geschlecht und sozialer Herkunft.

Soziale und emotionale Kompetenz und Widerspruch

Allerdings sind neben dieser Leistungsebene auch und gerade auf der Ebene sozialer Kompetenzentwicklung Probleme und besondere Chancen bei Jungen auszumachen. So betonen Strobel-Eisele und Noack aus den Daten ihrer Untersuchung die Tendenz vieler Jungen zur Autonomie und verweisen auf das inhärente innovative und freiheitliche Potenzial (Strobel-Eisele/Noack 2006). „Wer eine Norm in Frage stellt, erweitert den Bereich des Möglichen, und dadurch werden andere Eigenschaften kultiviert als Anpassung und Gehorsam, Einfühlung und Fürsorge. Die von uns beobachteten Jungen wollen nicht nur artig sein, sie wollen immer wieder Regeln brechen, denn das ist offensichtlich attraktiv und spektakulär" (STROBEL-EISELE/NOACK 2006, S. 120). Auch in einem früheren Projekt wurde im Teilbereich Werbung festgestellt, dass Jungen sich besonders kritisch gegenüber der Konsumwerbung gezeigt haben (KAISER 1996). Hier gilt es, didaktische Konzepte zu entwickeln, bei denen Jungen mit diesen Potenzialen positive Beiträge für den Unterrichtsgang bieten können. „Es geht nicht darum, jemanden umzupolen, sondern vorhandene Kompetenzen zu ergänzen" (SIELERT 2007, S. 25).

Die empirischen Ergebnisse zur Jungensozialisation zeigen nicht nur im Kommunikationsverhalten stärker dominante Muster, sondern auch dass bestimmte mit Hierarchie konnotierte Werte und Objekte stärker präsent sind. So wird deutlich, „dass Geld in der Gedankenwelt der Jungen eine relevante symbolische Rolle spielt und bestimmte angestrebte Werte repräsentiert. Geld dient als Ausdruck für Wünsche, Sehnsüchte und eine soziale Hierarchie" (KÜHNL 2006, S. 168).

Zur sozialen Kompetenz zählt integral auch die emotionale Kompetenz. Dazu wurden im niedersächsischen Schulversuch vielfältige Praxismaterialien für Jungenpädagogik entwickelt (KAISER/WIGGER 2000; KAISER 2001). Hier seien nur einige Beispiele stichpunktartig genannt:

- Schreiben meiner Wut- (Trauer-, Mut-, Freude-, Angst-, Witz-)Geschichten.
- Pantomimische Darstellung meiner Gefühle im Morgenkreis. Die anderen Kinder müssen sie erraten.
- Babyfotos mitbringen, in die Kreismitte legen und die Kinder raten lassen: Wer ist wer?
- Alte Babysachen von mir mitbringen: Schuhe, Spielzeug, Strampler.
- Mein Geburtsgewicht als sandgefüllten Sack in den Arm nehmen (KAISER/WIGGER 2000).

Bei all diesen Übungen sollte man den Blick nicht nur auf die defizitären Lernnotwendigkeiten von Jungen richten, sondern vor allem nach Inhalten suchen, bei denen Jungen durch ihre Sozialisation produktive Gedanken zum gemeinsamen Lernen beizutragen haben, siehe das Beispiel mit der Werbung oben.

Körperwahrnehmung und Körperkontakt
Jungen stehen in Europa unter dem normativen Diktat, keine Berührungen – besonders von anderen Jungen – zulassen zu dürfen. „Freundschaftliche Nähe und körperliche Berührung unter Jungen werden lediglich in

Zusammenhang mit einer aggressiven Komponente, wie etwa Spiel oder Sport oder bei Raufereien, akzeptiert. Sie können jedoch auch Empfindungen wie Zärtlichkeit, Bewunderung oder Mitgefühl auslösen, die vielen von ihnen Angst machen. Spätestens ab der Pubertät erfahren sie kaum noch körperliche Nähe von Geschlechtsgenossen, die es ihnen ermöglichen würde, diese als angenehme Erfahrung in ihr Repertoire männlichen Verhaltens zu integrieren" (TIMMERMANNS 2007, S. 48).

Stereotypen abbauen
Bedeutsam ist neben den differenzierenden didaktischen Strategien auch, wie in der Schule den allseits gesellschaftlich wirksamen Geschlechterstereotypen entgegengewirkt werden kann. Im niedersächsischen Schulversuch (KAISER u. a. 2003) war dies ein wesentliches Teilziel der Sozialkompetenzentwicklung. Über drei Jahre wurden die Versuchsklassen beobachtet und protokolliert. Aber auch im dritten Jahr waren in den Protokollen stereotype Äußerungen zu finden, allerdings auch kritische Einschätzungen durch die Kinder. Die Sensibilisierung war durch vielfältige Gespräche und Interaktionsübungen – insbesondere in den Jungenstunden und Mädchenstunden (KAISER 2001) – deutlich fortgeschritten, aber der Wirksamkeit gesellschaftlicher Stereotype damit nicht generell Einhalt geboten. Wichtig ist, dass derartige Maßnahmen in das real erlebte Schulleben integriert werden, denn „nur von außen aufgegebene Reflexion von Geschlechtsidentität bleibt zwangsläufig äußerlich und uninteressant. Wenn Jungen hingegen merken, dass sie nicht ‚missioniert' werden sollen, sondern einbringen dürfen, was sie beschäftigt, steigt ihre Motivation, sich auch auf selbstkritische Reflexionen einzulassen" (STURZENHECKER 2007, S. 113).

Besonders ein hausarbeitsnahes Schulleben ist ein wichtiger Weg, dass Jungen Kompetenzen in Beziehungsfähigkeit, Versorgen und Pflege lernen, die ihnen im Alltag der Familien viel weniger angeboten wird. Denn „dass Jungen in der Familie sich nach wie vor in deutlich geringeren Anteilen an der Hausarbeit beteiligen bzw. beteiligt werden, ist ein wichtiges Indiz: Die gesellschaftlichen Debatten, die eher auf eine Ähnlichkeit der Geschlechterrollen abzielen, haben in Familien noch keine durchschlagende Kraft entwickelt" (SCHEUNPFLUG 2007, S. 51).

Ein besonderer Ansatz zum Abbau von Stereotypen besteht in Rollenspielen und Spielen mit Figuren. Dabei fällt es leichter, tradierte Rollen zu verlassen, auch wenn alle bisherigen Beobachtungen von Rollenspielen zeigen, dass Jungen in der Praxis nur schwer dazu zu bewegen sind, etwa weibliche Rollen im Spiel zu übernehmen (ENDERS-DRAGÄSSER/FUCHS 1989). Effektiver scheint in der Geschlechterfrage das Spiel mit Puppen zu sein, die stereotype, androgyne und stereotyptranszendierende Merkmale aufweisen. Ein Set derartiger Puppen wurde für die Lernwerkstatt RÖSA in Oldenburg angefertigt, kann aber auch durch die veröffentlichten Fotos nachgebaut werden (vgl. www.lesa21.de). Die einfachste Methode sind Kochlöffelpuppen, bei denen der Stiel als Träger der Figur in der Hand der spielenden Jungen ist und die entsprechenden Gesichter als ausgeschnittene Bilder an die Löffelschale geklebt werden. Die Jungen dürfen sich aussuchen, mit welchen zwei Puppen sie in einer Dreiergruppe spielen wollen, und können so in der Interaktion spielerisch aus stereotypen Mustern heraustreten.

Perspektiven

Bislang wurden in der pädagogischen Jungenarbeit eher die defizitär entwickelten Bereiche der sozialen Kompetenzentwicklung wie Empathiefähigkeit, Kooperationsverhalten oder Emotionsvielfalt gefördert; die so orientierten Konzepte (KAISER 2001; BOLDT 2005) bedürfen einer Ergänzung durch pädagogische Wege, die an den besonderen Kompetenzen und Interessen der Jungen ansetzen und deren allgemein bildungsrelevantes Potenzial ausloten. Dabei geht es nicht darum, diese nur als sekundäre Anknüpfungspunkte zu nehmen (ILLGEN 2000), sondern originär zu relevanten Bildungsinhalten zu transformieren. Weiterhin ist es wichtig, die schulischen Curricula im Hinblick auf bessere Zugänglichkeit für beide Geschlechter differenziert zu gestalten und entsprechende vielfältige Angebote im Rahmen gleicher Bildungsziele anzubieten.

Dabei kommt es darauf an, in der konkreten Situation auszuloten, ob für einige oder mehrere Jungen spezifische Entwicklungsimpulse aus bestimmten Aussagen, Handlungsweisen oder Reaktionen entwickelt werden können. Denn Geschlechtergerechtigkeit kann man nicht statisch definieren. „Es gibt also nicht die Geschlechtergerechtigkeit, sondern es gibt innerhalb der schulischen Rahmung verschiedene Haltungen, die der Frage nach geschlechtergerechtem Handeln unterschiedlich begegnen" (FAULSTICH-WIELAND/WILLEMS/FELTZ 2008, S. 11).

Wichtig bleibt es, bei allen Ansätzen der Jungenpädagogik im Blick zu behalten, dass Jungen und Mädchen erst einmal anthropologisch gleich ausgestattet sind (vgl. KAISER 2007) und dass es sich bei den Differenzen um bestimmte gesellschaftliche Formungen handelt, die pädagogisch zielgerichtet dann legitim modifiziert werden können, wenn es sich um Einengungen der persönlichen Entfaltungsmöglichkeiten handelt.

Literatur

BÖNSCH, MANFRED (2000): Intelligente Unterrichtsstrukturen – eine Einführung in die Differenzierung. Grundlagen der Schulpädagogik. Band 31. Schneider Verlag, Baltmannsweiler

BOLDT, ULRICH (2005): Jungen stärken. Schneider Verlag, Baltmannsweiler

BREUER, HANNAH/JAHNKE-KLEIN, SYLVIA (2007): Jungenarbeit in der Grundschule – Ergebnisse einer Lehrerbefragung. In: PFEIFFER, SILKE (2007): Sachunterricht im 21. Jahrhundert. Bestandsaufnahmen – Herausforderungen – Visionen. Oldenburger Vordrucke 564. DIZ Verlag, Oldenburg, S. 136–139

ENDERS-DRAGÄSSER, UTE/FUCHS, CLAUDIA (1988): Jungensozialisation in der Schule. Eine Expertise im Auftrag der Gemeindedienste und Männerarbeit der Evangelischen Kirche Hessen und Nassau, Darmstadt

FAULSTICH-WIELAND, HANNELORE (2007): Eine Bühne für Inszenierungen. Doing gender im Schulalltag. In: Schüler. Wissen für Lehrer: Jungen, Jahresheft des Friedrich Verlags 2007, S. 91–93

FAULSTICH-WIELAND, HANNELORE (2008): Geschlechtergerechter naturwissenschaftlicher Unterricht – Unterrichtsszenen. In: FAULSTICH-WIELAND, HANNELORE/WILLEMS, KATHARINE/FELTZ, NINA/FREESE, URTE/LÄZER, KATRIN LUISE: GENUS – Geschlechtergerechter naturwissenschaftlicher Unterricht in der Sekundarstufe I. Klinkhardt, Bad Heilbrunn, S. 29–60

FAULSTICH-WIELAND, HANNELORE/WILLEMS, KATHARINE/FELTZ, NINA (2008): Einleitung – Das Projekt GENUS. In: FAULSTICH-WIELAND et al. (2008): GENUS – Geschlechtergerechter naturwissenschaftlicher Unterricht in der Sekundarstufe I. Klinkhardt, Bad Heilbrunn, S. 9–15

FUHR, THOMAS (2007): Pädagogische Jungenforschung. Ein einführender Überblick über ein neues Forschungsfeld. In: PÄD Forum: unterrichten und erziehen, 35./26. Jg., Heft 3, S. 135–137

HAGEMANN-WHITE, CAROL (1984): Sozialisation: Weiblich – männlich? Leske + Budrich, Opladen

ILLGEN, JENS (2000): Stockspiele. In: KAISER, ASTRID/WIGGER MARIA et al. (2000), S. 116–118

KAISER, ASTRID (2001): Praxisbuch Mädchenstunden und Jungenstunden. Schneider Verlag: Baltmannsweiler

KAISER, ASTRID und Mitarbeiterinnen (2003): Projekt geschlechtergerechte Grundschule – Berichte aus der Praxis. Leske + Budrich, Opladen

KAISER, ASTRID (2005): Koedukation und Jungen. UTB Verlag, Weinheim

KAISER, ASTRID (2006): Praxisbeispiele der Jungenarbeit im niedersächsischen Schulversuch. In: Grundschulzeitschrift 20. Jg., Heft 194, S. 26–29

KAISER, ASTRID (2007): Mädchen und Jungen in verschiedenen Kulturen – sind die Geschlechterdifferenzen konstant? In: GROHN-MENARD, CHRISTIN (2007), S. 415–422

KAISER, ASTRID/WIGGER, MARIA et al. (2000): Beispiele für die Arbeit in einer mädchen- und jungengerechten Grundschule. NLI Berichte 65, Hildesheim

KÜHNL, IRIS (2006): Jungen und Geld. In: STROBEL-EISELE, GABRIELE et al. (2006), S. 151–169

NEUBER, NILS (2007): „Sport bringt's!" Bewegung, Spiel und Sport im Schulalltag von Jungen. In: Schüler. Wissen für Lehrer: Jungen, Jahresheft des Friedrich Verlags, S. 68–70

PECH, DETLEF (2001): Merkst du was? Praktische Möglichkeiten der Jungenarbeit in der Grundschule. In: KAISER, ASTRID (2001), S. 200–223

PRECHTL, MARKUS/REINERS, CHRISTIANE S. (2007): Wie der Chemieunterricht Geschlechterdifferenzen inszeniert. In: CHEMKON, 14. Jg., Heft 1, S. 21–29

RICHTER, SIGRUN (1999): Mädchen- und Jungeninteressen beim Schreiben und Lesen. In: Grundschule, 31. Jg., Heft 12, S. 38–40

ROHRMANN, TIM (2007): Brauchen Jungen eine geschlechtsbewusste Pädagogik? In: PÄD Forum: unterrichten und erziehen, 35./26. Jg., Heft 3, S. 145–149

ROHRMANN, TIM (2008): Zwei Welten. Verlag Barbara Budrich, Opladen

SCHEUNPFLUG, ANNETTE (2007): Neue Jungen hat das Land? Geschlechterrollen in den Familien. In: Schüler. Wissen für Lehrer: Jungen, Jahresheft des Friedrich Verlags, S. 50–51

SCHIERMEYER, FRAUKE/JAHNKE-KLEIN, SYLVIA (2007): „Neue Männer braucht das Land!" Möglichkeiten der Integration von Konzepten der außerschulischen Jungenarbeit in den schulischen Alltag. Didaktisches Zentrum, Oldenburg

SIELERT, UWE (2007): Mädchen sind anders und Jungen auch. Wie kann eine geschlechtergerechte Schule aussehen? In: schul-management 38. Jg. Heft 6, S. 23–25

STAMM, MARGRIT (2008): Underachievement von Jungen. Perspektiven eines internationalen Diskurses. In: ZfE, 11. Jg., S. 106–124

STROBEL-EISELE, GABRIELE/NOACK, MARLEEN (2006): Jungen und Regeln. In: SCHULTHEIS, KLAUDIA/STROBEL-EISELE, GABRIELE/FUHR, THOMAS (Hrsg.): Kinder: Geschlecht männlich. Kohlhammer, Stuttgart, S. 99–128

STURZENHECKER, BENEDIKT (2007): Unter uns, über uns, für uns. In: Schüler. Wissen für Lehrer: Jungen, Jahresheft des Friedrich Verlags, S. 113

TIARKS, THORSTEN (2000): Mit den Ägyptern in die Disko. In: KAISER, ASTRID/WIGGER, MARIA et al. (2000), S. 116–118

TIMMERMANNS, STEFAN (2007): Geschlechtsrollenpanzer knacken. Forderung einer pädagogischen Parteinahme für Schwule. In: Schüler. Wissen für Lehrer: Jungen, Jahresheft des Friedrich Verlags, S. 48–49

2 Beispiele für eine gute Unterrichtspraxis

2.1 Mathematik

Knobelaufgaben mit Bundesligatabellen
von Ute Spiegel

Fußball als prominentes Jungenthema spricht nach den Erfolgen der Frauennationalmannschaft auch immer mehr Mädchen an, die sich nun zunehmend in Vereinen engagieren. Dennoch dürften die Vorkenntnisse in diesem Bereich nach wie vor bei den Jungen größer sein. Ihr vielfältiges Expertentum, ihre Fußballerfahrung und ihre Motivation bieten sich als Anknüpfungspunkt an.

Fächerintegration muss hier nicht erzwungen werden, sondern ergibt sich selbstverständlich.

Das Interesse am sportlichen Inhalt regt mitunter zu leidenschaftlichen Diskussionen an, die gewinnbringend auch zur Steigerung von Argumentationsfähigkeiten genutzt werden können. Im Zentrum dieses Vorschlages steht hier aber vor allem das Lesen und Verstehen von Tabellen und der Bezug zur sachgebundenen Mathematik.

Die einführenden Aufgaben zum Lesen und Verstehen der Tabelle aktivieren Vorkenntnisse, fordern zum Erklären heraus und vertiefen Alltagswissen, bzw. bauen solches bei den Kindern auf, die bisher wenig Zugang zu diesem Themenbereich hatten.

Die weiterführenden Fragen und Aufgaben, die unten als „Knobelaufgaben" bezeichnet werden, stellen vielfältige Anreize dar:

- Kinder müssen auf der Grundlage ihres Sachwissens logische Schlüsse ziehen.
- Es gibt manchmal nicht nur eine richtige Lösung, sondern verschiedene Faktoren müssen bedacht und miteinander in Beziehung gesetzt werden.
- Die Unterschiedlichkeit der Lösung fordert Widerspruch, Diskussion und Begründung heraus.

- Wahrscheinlichkeiten müssen bedacht und können diskutiert werden.
- Und ganz nebenher wird dann auch noch gerechnet.

Der Schwerpunkt der Knobelaufgaben liegt also beim Mathematisieren, das heißt bei der Durchdringung von Fragen des Alltages mithilfe von Mathematik. Bei der Argumentation werden mathematische Erwägungen als Beweise für die Richtigkeit herangezogen.

Durchführung
Als Material brauchen Sie eine Folie, eventuell Arbeitsblätter zur Bundesliga und solche mit den Knobelaufgaben. Planen Sie mindestens zwei Unterrichtseinheiten ein; die Knobelaufgaben haben aber auch für weitere Stunden genügend Potenzial.

Zunächst müssen die Schüler lernen, sich in der Tabelle zu orientieren und aus ihr Informationen zu gewinnen. Hierzu dient die Arbeit mit der Folie (siehe S. 53). Dabei stehen folgende Fragen und Klärungen im Zentrum:

1. *Wie viele Punkte bekommt ein Verein für einen Sieg, wie viele für ein Unentschieden und wie viele für eine Niederlage? Kannst du das mithilfe der Tabelle beweisen?*
Hier werden besonders die Jungen als Träger von Expertenwissen glänzen. Wichtig ist aber, dass jede Aussage an der Tabelle belegt wird. So wird immanent die Orientierung in einer Tabelle gefördert. Am Ende dieser Überlegungen sollte jedes Kind verstanden haben, dass man für einen Sieg drei Punkte, für ein Unentschieden einen Punkt und für eine Niederlage null Punkte bekommt. Zur Sicherung des Verständnisses einer Tabelle könnte folgende Frage dienen:

2. *Welche Spalte könnte man auch weglassen, um die Punkte auszurechnen?*
Hierfür ist die Angabe der Tore überflüssig. Wozu benötigt man diese Information dann? Zu klären ist auch, was die Punkte (Auslassungen) in der Tabelle bedeuten.
Die Abschlussfrage ist auch für Experten oft schwierig zu beantworten und weist schon deutlich in Richtung der Knobelaufgaben.

3. *Wie viele Spieltage hat eine Saison? Jede Mannschaft spielt zweimal gegeneinander!*
Es gibt insgesamt 18 Mannschaften; hier schließen viele Schüler zu kurz und errechnen 36 Spieltage. Da aber keine Mannschaft gegen sich selbst spielt, ist dieses Ergebnis richtig: 17 x 2 = 34.

Zur Sicherung des Verständnisses beim Lesen einer Tabelle kann das Arbeitsblatt (siehe S. 54) herangezogen werden. Allerdings geht hierdurch der „Echtheitscharakter" der Aufgabe etwas verloren. Deshalb sollte der Einsatz abgewogen werden.

Die folgenden Knobelaufgaben 1 (siehe S. 55) sind nach Schwierigkeit geordnet. Die Frage zur Fußballbundesliga der Frauen ist lediglich eine Reproduktion der gemeinsam erarbeiteten Erkenntnisse. Die Frage nach der Höchstpunktzahl ist sehr leicht, dient aber als Vorbereitung auf die folgenden Fragen.

Um die Aufgabe „Wie viele Punkte kann eine Mannschaft am zweiten Spieltag haben?" zu lösen, müssen die Kinder kombinieren und genau überlegen. Die weiterführende Frage „Wie kannst du beweisen, dass du alle Möglichkeiten gefunden hast?" fordert die Kinder heraus. Selbstverständlich kann die Frage dann auf den dritten, vierten, x-ten Spieltag übertragen werden. Die Fortführung mit der letzten Frage eignet sich für besonders leistungsstarke Kinder.

Die Knobelaufgaben 2 (siehe S. 55) weisen noch stärker in die Stochastik und Kombinatorik hinein. Hier sollte dann mit aktuellen Bundesligatabellen gearbeitet werden. Es sind nur die vorbereitenden Grundaufgaben angegeben. Erweitert wird die Fragestellung durch Kombinationen: „Es ist ja sehr unwahrscheinlich, dass eine Mannschaft nur gewinnt und verliert oder nur gewinnt und unentschieden spielt. Wie sieht es also im Moment für deinen Verein aus?"

Folie als Grundlegung: Tabelle des dritten Spieltages der Bundesligasaison 2007/2008 als Beispiel

Platz	Club	Siege	Unent-schieden	Nieder-lagen	Tore	Punkte
1	FC Bayern München	3	0	0	10:0	9
2	DSC Arminia Bielefeld	2	1	0	7:3	7
...						
9	VfB Stuttgart	1	1	1	4:5	4
...						
18	F.C. Hansa Rostock	0	0	3	1:6	0

Rund um die Bundesliga

Bei dieser Tabelle hat jemand nicht aufgepasst. Findest du die Fehler?

Erkennst du vielleicht sogar, von welchem Spieltag die Tabelle ist?

Platz	Club	Siege	Unent-schieden	Nieder-lagen	Tore	Punkte
1	FC Bayern München	10	6	1	31:8	36
2	Werder Bremen	11	3	3	24:42	36
3	Hamburger SV	8	5	3	24:13	32
4	Bayer 04 Leverkusen	9	3	5	32:16	28
...						
16	1. FC Nürnberg	4	3	10	21:28	15
17	FC Energie Cottbus	3	6	1	17:27	15
18	MSV Duisburg	14	1	12	14:26	13

Wie viele Fehler hast du gefunden? _____

Begründe deine Überlegungen!

_____

_____

_____

_____

_____

_____

Knobelaufgaben zur Fußballbundesliga

Teil 1

Die deutsche Frauenbundesliga hat 12 Mannschaften. Wie viele Spieltage ergeben sich daraus in der Saison?

Was ist die höchste Punktzahl, die ein Verein erreichen kann, um Deutscher Meister bei den Herren zu werden?

Mit welcher Mindestpunktzahl kann man – theoretisch! – Deutscher Meister werden?

Wie viele Punkte kann eine Mannschaft am zweiten Spieltag haben?

Kann man mit 91 – 96 – 101 Punkten Deutscher Meister bei den Herren werden?

Teil 2

Mit 80 Punkten ist man mit hoher Wahrscheinlichkeit Deutscher Meister. Wie viele Spiele darf man dabei maximal verlieren?

Wie viele Spiele darf man maximal unentschieden spielen, um die 80 Punkte noch erreichen zu können?

Kann dein Lieblingsverein noch sicher Deutscher Meister werden? Wie müsste er spielen?

Lösungen für den Lehrer

Um die Denkwege der Schüler besser zu verstehen, ist es immer sinnvoll, die Aufgaben zunächst selbst zu lösen.

1. *Lösungen zur Folie* (die fehlerhaften Angaben sind hervorgehoben):

Platz	Club	Siege	Unent-schieden	Nieder-lagen	Tore	Punkte
1	FC Bayern München	10	6	1	31:8	36
2	Werder Bremen	11	3	3	24:42	36
3	Hamburger SV	8	5	3	24:13	32
4	Bayer 04 Leverkusen	9	3	5	32:16	28
...						
16	1. FC Nürnberg	4	3	10	21:28	15
17	FC Energie Cottbus	3	6	1	17:27	15
18	MSV Duisburg	14	1	12	14:26	13

2. *Lösungen zu den Knobelaufgaben 1*
- 11 x 2 = 22; es sind 22 Spieltage.
- Höchstzahl der erreichbaren Punkte: 102
- Mindestzahl der nötigen Punkte: 33 x 1 + 3 = 36 Punkte. In diesem Fall gehen alle Spiele mit einer Ausnahme unentschieden aus. Deutscher Meister wird man durch einen einzigen Sieg.
- Mögliche Punkte am zweiten Spieltag: von 0 bis 6, Ausnahme: 5 Punkte.
- Hier sind 34 Spieltage zu verteilen: Höchstzahl der Punkte: 102 (34 x 3); zweithöchste Zahl: 33 x 3 + 1 x 1 = 100, darum sind 101 Punkte nicht möglich. Die übrigen Ergebnisse sind möglich: 30 x 3 + 1 x 1 + 3 x 0 = 91 und 32 x 3 + 0 x 1 + 2 x 0 = 96.

3. *Lösungen zu den Knobelaufgaben 2*
- Höchstzahl der Punkte: 102 in 34 Spielen; verliert man 7 Spiele, fehlen 21 Punkte. 102 – 21 = 81, bei 8 Spielen wären es 78 Punkte. Damit ist die Wahrscheinlichkeit auch noch sehr hoch, aber sicher ist es nicht. Hier kann sich ein Rechercheauftrag im Internet anschließen: Mit welcher Punktzahl gewannen die Vereine in den letzten Jahren?

- 23 Siege + 11 Unentschieden ergeben genau 80 Punkte. Man darf also höchstens 11 Spiele unentschieden spielen.
- Die Frage nach dem eigenen Verein könnten die Kinder als Hausaufgabe lösen, die Sie einsammeln und kontrollieren.

Quelle der Tabellen:
www.bundesliga.de/de/liga/saisonrueckblick/spieltag3php; für unser Beispiel von S. 54 aufgerufen am 8.10.2008

2.2 Deutsch

Lektüren für Jungen auswählen
von Gabriele Cwik

Beobachtungen

Jungen lesen lieber Sach- und Gebrauchstexte und vertiefen sich gern in ein Tierlexikon oder eine Autozeitung. Sehr beliebt sind Comics, die es als Hefte oder Taschenbücher gibt. Weniger interessant finden Jungen erzählende Texte, zum Beispiel Geschichten über Pferde.

Beobachtet wird auch, dass sich einige Jungen nicht so lange auf das Lesen konzentrieren können und sich schneller aus der Situation lösen. Zu Gesprächen über das Gelesene sind sie nur bedingt bereit. Oft beschränken sie sich kurz und knapp auf die Wiedergabe des Inhalts.

Ziel

Durch die richtige Textauswahl soll Lesemotivation erhalten und gleichzeitig die Verweildauer im Leseprozess gesteigert werden. In gemeinsamen Gesprächsrunden sollen Jungen für weiterführende Gespräche über den Inhalt motiviert werden und Anregungen erhalten, wie sie das Gelesene auf ihr eigenes Lebensumfeld anwenden können.

Umsetzungsvorschläge

Schon bei der Schulanmeldung können die Kinder nach den Lieblingsbüchern gefragt werden. Die Antworten werden notiert und eine Auswahl dieser Bücher steht als Klassenlektüre für die ersten Schulwochen bereit. Zusätzlich wird nach den Lieblings*themen* gefragt. Zu den meistgenannten sollte es ebenfalls eine Auswahl an verschiedenen Büchern geben. So werden die Interessen von Jungen und Mädchen berücksichtigt.

Vor allem Jungen verweilen länger bei einem Buch, wenn es interessante Abbildungen enthält, die sie fesseln. Achten Sie auf kurze, aber aussagekräftige Bildunterschriften. Wer damit beginnt, liest bald vielleicht auch längere begleitende Texte.

Jeweils zwei bis drei Unterrichtsstunden pro Woche können nur für das Lesen oder das Schmökern genutzt werden. Auch das Vorlesen gehört dazu. Vor der ganzen Klasse kann dies die Lehrerin tun oder es werden Eltern, Großeltern, eventuell Kinderbuchautoren eingeladen. Oder jeweils ein Kind der Klasse bekommt ein älteres Kind aus einer anderen Klasse als Vorleser. Nach etwa zwanzig Minuten sollte sich ein geleitetes Gespräch zwischen dem vorlesenden Kind und dem zuhörenden entwickeln.

Folgende Fragen bieten sich je nach Text dafür an:
- Was kannst du mir von dem, was ich dir vorgelesen habe, erzählen?
- Kennst du etwas von dem, was ich gelesen habe?
- Was ist neu für dich?
- Wie könnte es weitergehen?
- Was hat dir gefehlt?
- Was kannst du davon gebrauchen?
- Wie hättest du das Problem gelöst?
- Was hättest du anders gemacht?

Auch die Kinder der anderen Klassen haben einen Vorteil von dieser Organisationsform. Zum einen macht so das laute Lesen mit seinen besonderen Gestaltungselementen einen Sinn, zum anderen können sie sich in der Kommunikation mit einem jüngeren Kind üben und sich selber in die Geschichte oder das Sachthema einfinden. Als Gesprächsgrundlage können gerade bei den Jungen untereinander auch die oben erwähnten Abbildungen ein erster Zugang sein.

Reflexionsphasen gestalten

Jedes Kind erhält die Gelegenheit, sein Buch und damit sein Thema vorzustellen. Da Jungen meist nicht so lange in Gesprächskreisen verweilen möchten oder können, werden mehrere kleinere Gesprächsrunden, eventuell geschlechtshomogen, angeboten. In jedem Gesprächskreis übernimmt ein Kind die Leitung. Hierfür können die oben genannten Fragen als Hilfestellung dienen.

Am Anfang werden diese Reflexionsgespräche zeitlich eher knapp gehalten. Nach und nach kann man dann die Verweildauer verlängern und die Gruppe heterogen zusammenstellen.

Auch Jungen mit dem Lesen versöhnen
von Klaus Metzger

> Für die Versöhnung mit dem Lesen gibt es eine einzige Bedingung: nichts als Gegenleistung zu verlangen. Absolut nichts. Keinen Wall von Vorkenntnissen um das Buch zu errichten. Nicht die geringste Frage zu stellen. Nicht die kleinste Hausaufgabe zu geben. Den gelesenen Seiten kein einziges Wort hinzufügen: Kein Werturteil, keine Worterklärung, keine Textanalyse, keine biographische Angabe. Lesen als Geschenk. Lesen und warten.
>
> *Daniel Pennac*

Drei Ausgangspunkte
Jedes Jahr berichten die Handelskammern, dass etwa 15 Prozent der Lehrstellenbewerber abgelehnt werden müssen, weil sie nicht ausreichend lesen und schreiben können. In den meisten Fällen handelt es sich dabei um männliche Jugendliche. Fragt man 14- bis 15-jährige Schülerinnen und Schüler – KURT FRANZ aus Regensburg hat dazu 2004 eine Erhebung gemacht –, wie viele Bücher sie in den letzten zwei Monaten gelesen haben, geben etwa zwei Fünftel an, sie hätten keines gelesen. Und mehr als die Hälfte – so eine Untersuchung von BODO FRANZMANN – nimmt überhaupt nur äußerst ungern ein Buch in die Hand. Diesen Wert gibt es sonst in keinem Land der Welt.

Durch zunehmende Technisierung leiteten „neue" Medien, vor allem der Fernseher, einen Medienwechsel ein. Nicht mehr das Buch, wie in den Jahrhunderten zuvor, sondern der Fernseher mutierte spätestens in den Sechzigerjahren des vergangenen Jahrhunderts zum gesellschaftlichen Leitmedium. Ob nun im Jahr 2008 der Computer oder das Internet als „das" neue Leitmedium zu bezeichnen ist, ist im Prinzip unwesentlich. Die „neuesten" Medien setzen in mehr oder weniger hohem Maße ebenfalls Lesekompetenz voraus, doch handelt es sich dabei um eine andere Art des Lesens, eine flüchtigere, utilitaristischere, an hypertextlichen Verknüpfungen orientierte. Wertfrei formuliert: Die permanente Zunahme von Fernsehkonsum und Computernutzung reduziert zwangsläufig die Zeit, die für die Lektüre eines Buches aufgewendet werden kann.

Auch wenn sich immer mehr Lehrerinnen und Lehrer gerade an Grundschulen in und mit fantasievollen Aktionen auf dem Feld „Lesen" engagieren – mitunter wirkt das negativ auf das Leseverhalten der Kinder: „Die Bücher, die ich in der Schule lesen muss, würde ich sonst nicht einmal in die Hand nehmen."

Die Lust am Deutschunterricht und damit am Lesen nimmt nachweisbar ab der zweiten Jahrgangsstufe kontinuierlich ab. *Einen* Grund dafür sehe ich, ohne jemandem zu nahe treten zu wollen, darin, dass viele Lehrerinnen (!) speziell für die Jungen gar keine oder die falschen Bücher aussuchen. Jungen lesen lieber „Räuberpistolen", keine Problemliteratur und kaum realistische Stoffe – also nicht unbedingt die Bücher, die als pädagogisch wertvoll erachtet werden. Hinzu kommt der vielerorts immer noch virulente bewahrpädagogische Ansatz, nach dem Kinder vor den schlechten Einflüssen der Medien bewahrt werden bzw. nur „gute" Literatur lesen sollen.

 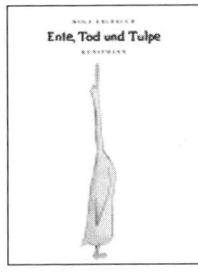  

Zwischenfrage: Welches dieser Bücher würden Sie eher als Klassenlektüre wählen?
(Selbstverständlich hat jedes Buch seine Qualitäten.)

Ein Zielpunkt

Für uns alle gilt: Wir müssen die Lesebegeisterung der Kinder entfachen. Um Prozesse in Gang zu setzen, braucht es, wir haben es im Chemieunterricht gelernt – „Aktivierungsenergie". Mut zur richtigen Buchauswahl und zum richtigen Angebot ist dafür ein Wundermittel. Wir sollten nicht an den Altersfestlegungen der Verlage kleben. Den Prototyp des Sechsjährigen, Neunjährigen, Dreizehnjährigen gibt es nur in der Buchbranche. (Altersangaben, die die Verlage als Hilfsmittel für Buchhändler einsetzen, werden fatalerweise oft zum alles entscheidenden Auswahlkriterium.)

Ein aktuelles Verständnis von Leseförderung leitet als Zielsetzung ab, bei Kindern und Jugendlichen eine Haltung zum Buch aufzubauen, die zu lebenslangem Lesen führt und die Grundlage für allgemeine Medienkompetenz bildet.

Der Umgang mit dem Buch darf nicht als etwas Elitäres, Schwieriges angesehen werden, sondern als etwas Selbstverständliches. Hierin besteht der wesentliche Auftrag von Schule. Eines allerdings darf nicht passieren: nämlich das Lesen als Gegensatz zu Fernsehen oder Computer zu positionieren. Im Gegenteil – das ist zentral wichtig – müssen sie als sich ergänzende Tätigkeiten begriffen werden. Gerade Jungen können über die „neuesten Medien" einen Zugang zu Büchern finden.

Auswahl der Lektüre

Stellen Sie sich vor, Sie bekommen ein Buch geschenkt. Sie packen es aus – und sind nicht gerade begeistert von Autor und Thema, danken jedoch höflich dafür. Am Abend beginnen Sie, im Buch zu lesen – man könnte sich ja getäuscht haben –, obwohl Sie wenig Lust dazu verspüren. Aber nach wenigen Seiten merken Sie, dass sich Ihre Vor-Urteile bestätigen. Dieses Buch interessiert Sie nicht. Lesen Sie es trotzdem zu Ende? Wohl kaum. Sie legen es beiseite.

Die Chance des Buch-Weglegens bietet die Grundschule ausgerechnet den jüngsten Leserinnen und Lesern in der Regel nicht – leider, muss man sagen. (In der Sekundarstufe gibt es unbestreitbar gute Gründe dafür, warum ein Buch gelesen werden muss.) Üblicherweise wird pro (Halb-)Jahr ein von der Lehrerin, dem Lehrer ausgesuchtes Buch als Klassenlektüre gelesen – aber eben nur dieses eine besondere Buch –, wie auch immer es zu dieser Wahl gekommen sein mag. Wir verlangen dann von den Mädchen und Jungen, oft zäh über mehrere Wochen hinweg, dass sie dieses, ihnen aufgezwungene Buch lesen und bearbeiten, obwohl sie sich dafür vielleicht partout nicht interessieren.

Das in der Schule übliche Vorgehen – die Lehrperson sucht ein Buch aus, das als Ganzschrift/Klassenlektüre von allen zu lesen ist – wirft für das Fach Deutsch zentrale Fragen auf:

- Wird so die Lesebegeisterung entfacht? („Ich lese, weil ich lesen muss.")
- Berücksichtigt diese Vorgehensweise auch nur ansatzweise alle genderspezifischen Lesevorlieben? Wird man Mädchen und Jungen gleichermaßen gerecht? („Das ist ein Mädchen-/Jungen-Buch.")
- Wie steht es um ein lernerdifferenziertes Vorgehen? Entspricht es dem immer notwendiger werdenden Zwang zur Individualisierung? („Das Buch ist mir zu lang/zu kurz/zu anspruchsvoll/zu einfach …")
- Manifestiert sich so ein identitätsorientierter Umgang mit Literatur? („Eigentlich interessiere ich mich momentan für Bücher über Freundschaft, weil …")
- Fördert es die Selbstbestimmung der Kinder? („Meine Lehrerin, mein Lehrer bestimmt, was ich lese.")
- Kann auf diese Weise bei Kindern eine möglichst lebenslange Lesemotivation angebahnt werden?

Wir sollten in der Praxis realistischerweise davon ausgehen, dass es das Buch, das allen Kindern gleichermaßen gefällt, schwerlich geben kann. Hat man das akzeptiert, kann es folglich auch nicht eine gemeinsame Klassenlektüre geben, die sich nur auf ein für alle verpflichtendes Buch festlegt.

Ein möglicher Weg (von vielen)

Eine vielfach erprobte Möglichkeit, um Lesebegeisterung zu wecken, besteht darin, den Kindern fünf (oder auch nur drei) Bücher anzubieten, die entweder thematisch (Gespenster, Urlaub ...) verbunden sind oder von einer Autorin, einem Autor stammen, die eine Gattung (Kinderkrimi, fantastische oder komische Literatur ...) repräsentieren, fachübergreifende Möglichkeiten eröffnen oder sich mit Medienerziehung verbinden lassen (zum Beispiel Bücher, zu denen es eine Verfilmung der Augsburger Puppenkiste gibt).

Nach der Recherche im Internet nach erhältlichen Taschenbuchausgaben wird den Kindern eine Vorauswahl der Bücher vorgestellt, die ein möglichst breites Spektrum abdecken:

• mindestens je zwei Bücher, die, zumindest vordergründig, eher für Mädchen oder eher für Jungen geeignet sind;
• sowohl fiktionale als auch non- oder semi-fiktionale Bücher;
• umfangreiche und kurze Bücher und/oder bebildert bzw. unbebildert;
• Klassiker und neue Literatur.

Die Kinder wählen dann individuell aus und lesen das Buch, das ihnen zusagt. Eine Herausforderung für Lehrpersonen ist es, sich dann weitgehend das „Verschulen" der Lektüre zu versagen und auf ständiges Analysieren, auf Vorlesenoten oder gar Proben auf der Basis der Lektüre usw. zu verzichten. Der zeitliche Rahmen sollte zudem kompakt sein, nicht überdehnt. Es geht dann „nur" um das Lesen, um die Freude und den Genuss am Lesen. (Das ist übrigens ein Punkt, der für Studierende, Lehramtsanwärter und Lehrerinnen nur schwer nachvollziehbar ist: Sie sind aus ihrer Schulzeit daran gewohnt – hier zeigt sich beispielhaft, wie erfahrener Unterricht weiter tradiert wird –, dass mit Texten immer „etwas getan", daran „gearbeitet" werden muss. Es soll ja, ganz utilitaristisch, „etwas nützen", „etwas bringen". Schule vergisst oft, dass Lektüre immer schon mindestens zwei Funktionen hat, *delectare et prodesse*. Die Diskussion um synästhetische Bildung in der Schule gibt diesem Aspekt wieder einen neuen Schub.)

Modell

Die Bücher der Vorauswahl werden im Sitzkreis über Kurzinformationen (Klappentext, bibliografische Angaben, Lesen der ersten Seiten, Präsentation gescannter Grafiken) vorgestellt. Sie werden selbstverständlich herumgereicht, damit die Kinder haptisch Kontakt aufnehmen konnten – eine nicht zu unterschätzende ästhetische Erfahrung.

Danach erhalten die Kinder ein Arbeitsblatt (siehe Vorlage auf S. 66), auf dem noch einmal alle Bücher mit Cover (in allen Online-Büchershops zum Downloaden erhältlich) und mit genauen bibliografischen Angaben zu finden sind. Die Kinder kreuzen „ihr" Buch an, begründen kurz ihre Wahl und unterschreiben.

Die Begründung für die Auswahl ist aus zwei Gründen wichtig. Kinder sollen sich erstens selbst klar darüber werden, nach welchen Kriterien sie ein Buch auswählen; uns Lehrenden offenbaren sich manchmal ganz profane („viele Bilder"), manchmal nachdenklich stimmende Gründe, etwa „weil es das billigste ist". Zweitens geben sie auch Rückmeldung über die Selbsteinschätzung der Kinder, wenn zum Beispiel ein eher schwacher Leser sich ausgerechnet das dickste Buch aussucht.

Sind die ausgewählten Bücher geliefert, werden sie im Kreis verteilt. Die Kinder schmökern einige Minuten, schreiben ihren Namen und das Datum in das Buch, basteln anschließend gemeinsam thematisch passend ausgestaltete Lesezeichen.

Dann konstituieren sich die unterschiedlich großen Lesegruppen und lesen in der sich anschließenden ersten freien Lesezeit weiter. Nach erfahrungsgemäß etwa fünfzehn bis zwanzig Minuten entwickeln die Gruppen Ideen, was man gemeinsam zum Buch machen könnte: ein Film drehen, einen Comic entwerfen, ein Begleitheft schreiben, einen Tanz einproben, eine Unterwasserwelt basteln, ein Buch mit eigenen Geschichten schreiben usw. Bei diesen Vorhaben passiert etwas Wichtiges: Die Leseerfahrungen werden ausgetauscht, Lesen wird auch als sozialer Prozess wahrgenommen; das gemeinsame Tun in der Begleitung der Lektüre fördert die Gemeinschaft.

Entscheidungen über Anschlusstätigkeiten sind, trivial, allemal von der Zusammensetzung der Gruppe abhängig. Ihre Ideen realisieren die Kinder weitgehend selbstständig neben der Lektüre.

Dafür stehen ihnen in den nächsten (längstens!) zwei Wochen neben täglichen freien Lesezeiten (15 Minuten) zusätzlich festgelegte Zeiten (etwa 20 Minuten) zur Verfügung.

Nach zwei Wochen findet ein großes Buchfest mit Kuchen und Saft statt, während dessen die Gruppen ihre Bücher und ihre Produkte präsentieren.

Dazu werden natürlich die Nachbarklassen eingeladen. Dieses Fest dient ganz bewusst auch dazu, den Leserinnen und Lesern sowie den Gästen zu signalisieren: Es gibt ganz viele interessante Bücher!

Was in den Gruppen immer zu beobachten ist: Die Kinder sprechen über ihr Buch, tauschen Meinungen aus, erzählen sich den Inhalt; gerade für langsamere Leser ist das hilfreich, um mit den anderen auf Stand zu bleiben. In der Pause berichten sie den Kindern anderer Gruppen oder gar Klassen über Buch und Vorhaben – und betreiben damit intensive, erfolgreiche Werbung für das eigene Buch, wecken Neugier und Interesse, regen die Lust an, in der Freizeit weitere Bücher zu lesen.

Fazit

Wichtig ist eigentlich nur: Man muss es sich ein erstes Mal trauen, darf vor allem organisatorische und schulische Bedenken nicht überbewerten. Beim zweiten Mal läuft es schon runder. Und wenn man dann sieht, dass auf diese Weise viele Kinder binnen Kurzem alle fünf der vorgestellten Bücher gelesen haben (geliehen oder, seltener, gekauft), wird man vielleicht nicht mehr anders verfahren wollen.

Literatur

HURRELMANN, BETTINA (2002): Kinder- und Jugendliteratur im Unterricht. In: BOGDAL, KLAUS-MICHAEL/KORTE, HERMANN: Grundzüge der Literaturdidaktik. dtv, München, S. 134–146

PENNAC, DANIEL (2000): Wie ein Roman, Kiepenheuer & Witsch, Köln

RICHTER, KARIN/PLATH, MONIKA (2002): Die Bedeutung der Entwicklung von Lesemotivation in der Grundschule. Ergebnisse einer repräsentativen empirischen Erhebung. In: FRANZ, KURT/PAYRHUBER, FRANZ-JOSEF (Hrsg.): Lesen heute. Leseverhalten von Kindern und Jugendlichen und Leseförderung im Kontext der PISA-Studie. Schneider Verlag, Hohengehren, S. 41–58

SPINNER, KASPAR H. (2006): Lesekompetenz erwerben, Literatur erfahren. Cornelsen Verlag Scriptor, Berlin

Ich habe mich für dieses Buch entschieden,

(Buchcover)	(bibliografische Angaben)	weil:
(Buchcover)	(bibliografische Angaben)	weil:
(Buchcover)	(bibliografische Angaben)	weil:
(Buchcover)	(bibliografische Angaben)	weil:
(Buchcover)	(bibliografische Angaben)	weil:

Unterschrift _____

Wir erfinden unsere Bücher selbst: die ganz andere Klassenbibliothek
von Ulf Abraham

Genderspezifische Lese-/Schreibförderung

Eine Reihe empirischer Studien der letzten fünfzehn Jahre sagen uns nicht nur, dass Jungen für das Lesen schwerer zu gewinnen sind als Mädchen, sondern auch, dass ihre Genre- und Themeninteressen anders gelagert sind. Mehr als realistische Geschichten, die Einfühlung in den Helden (oder gar die Heldin) und den Nachvollzug „innerer Handlung" erfordern, fesseln Abenteuergeschichten, SF/Fantasy und Sachbücher die Jungen. Gleichzeitig ist den Jungen der Medienverbund besonders wichtig (es geht nicht oder nicht nur um das Buch, sondern auch um den Film, die PC- oder Konsolenspielgeschichte usw.). Das macht Leseförderung zu einer genderspezifischen Herausforderung.

In ähnlicher Weise, obwohl hier die empirischen Daten fehlen, dürfte für die *Schreibförderung* gelten, dass sie bei den Jungen andere Wege zu gehen hätte als bei den Mädchen. Ein Tagebuch (und daher auch das Lesetagebuch) gilt vielen Jungen als „Mädchenkram". Aber genauso, wie das Konzept des „interessenbezogenen Rechtschreibunterrichts" sich die Motivation zunutze macht, die in den für Jungen interessanten Begriffen und Ideen steckt, sollte auch der Schreibunterricht an dem ansetzen, was Jungen spannend finden (zwar gilt das prinzipiell auch für die Mädchen, aber die in der Grundschule meistgestellten Schreibaufgaben tun genau das sowieso).

Heterogenität der Interessen und Lernvoraussetzungen – im Leseunterricht nicht nur, aber eben auch genderspezifisch oft eine große Herausforderung – ist im Rahmen der „anderen Klassenbibliothek" nicht nur kein Problem, sondern geradezu notwendig, damit eine große Bandbreite und Vielfalt von „Büchern" entstehen kann: Romane und Tiergeschichten neben Sachbüchern über das Fliegen, über Baseball oder Autorennen. („It takes all sorts to make a world.")

Die Unterrichtsidee

Die Klassenbibliothek ist zwar ein bewährtes Instrument systemischer Leseförderung; nur wird sie vermutlich in der Praxis wesentlich mehr von Mädchen als von Jungen genutzt. Viele Jungen der Klassenstufen 3/4 sind eher auf Handeln als auf Rezeption aus. Sie gestalten lieber selbst, als sich in das von Autorinnen und Autoren, von Illustratoren und Illustratorinnen gestaltete Buch hineinzufinden.

Die Idee der „anderen Klassenbibliothek" nutzt das und vermittelt gleichzeitig auf spielerische Weise Grundbegriffe der Bücherkunde, die man braucht, wenn man sich in einer Bücherei oder Buchhandlung zurechtfinden will: Wo und was ist ein Klappentext? Wo findet man vielleicht ein Foto des Autors? Welche Arten von Geschichten (Genrebezeichnungen) gibt es? Wie werden Bücher geordnet? Wie kann man auch etwas entdecken, was man noch nicht kennt?

Dieser Wissenserwerb verbindet sich mit einer kreativen Gestaltungsaufgabe: Die Lernenden können mutig erfinden, was immer sie sich für Bücher wünschen; sie müssen sie ja nicht tatsächlich *schreiben*. (Geschrieben wird allerdings trotzdem.)

Realisierung
a) Ein Gang in die Stadt- oder Schulbücherei macht die Kinder aufmerksam auf die für das Ordnen und Finden von Büchern nötigen Informationen (Autor, Titel, Genre, Erscheinungsort und -jahr, ggf. Übersetzer) und Gestaltungsmöglichkeiten von Buchumschlägen.
b) Jedes Kind entscheidet sich danach, welches eigene Buch es für die „andere Klassenbibliothek" erfinden möchte.
c) Jedes Kind gestaltet einen Umschlag für sein Buch – einschließlich der Umschlagklappen, auf denen meist Angaben über den Autor und eine Inhaltszusammenfassung untergebracht sind.
d) Einen ersten Entwurf zeigt jedes Kind der Lehrerin; gemeinsam wird überlegt, um welches Genre es sich handeln könnte (Abenteuergeschichte, Roman, Sachbuch …) und welche Informationen noch fehlen, vor allem über den Autor („Wo und wie könnte dein Autor aufgewachsen sein?" usw.). Wer will, kann sich auch ein „Autorenfoto" suchen und Medienverbundprodukte, auf die der Klappentext hinweisen könnte („Ist dein Buch schon verfilmt? Gibt es ein Computer-, ein Brettspiel dazu?" usw.).
e) Eine kurze Inhaltsangabe der Geschichte, die das fiktive Buch erzählt, (oder eine Inhaltsbeschreibung des Sachbuches) wird verfasst und von der Lehrerin auf Rechtschreibung und Plausibilität durchgesehen.
f) Jedes Kind sucht im Rahmen des Kunstunterrichts illustrative Fotos (die zu einer Collage verarbeitet werden können) oder malt ein Bild für das Cover.
g) Die Endfassung des Buchumschlags, dessen Format frei gewählt werden kann, wird um ein beliebiges „echtes" Buch passender Größe gelegt und in die „andere Klassenbibliothek" eingestellt.
h) Die vollständige Bibliothek wird schließlich in Gruppenarbeit „katalogisiert" *(Material: Formblatt für die Erfassung)*: Jede Arbeitsgruppe nimmt sich ein bestimmtes Genre vor, sodass die Nutzer der Bibliothek

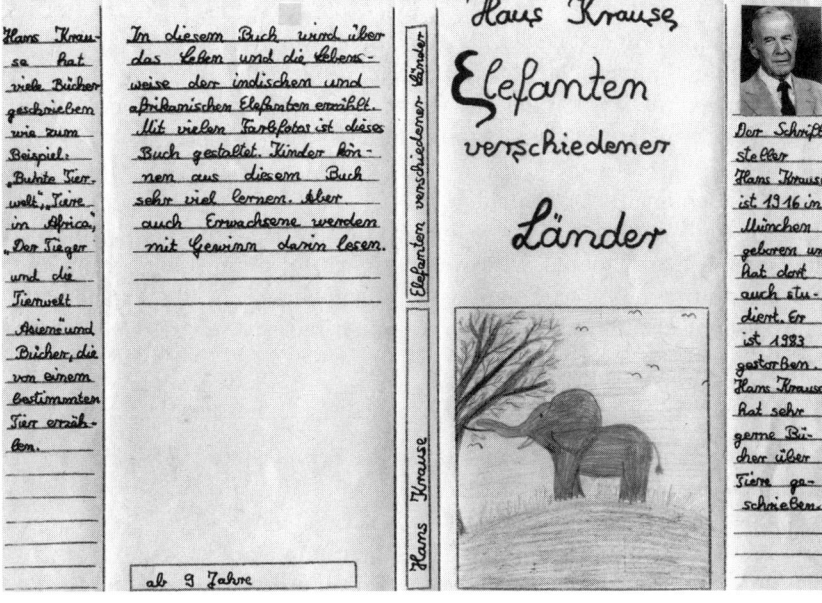

Hans Krause, Elefanten verschiedener Länder (Buchcover)

Alberto, Ein Flug zum Mond (Buchcover)

dann – wie in der Stadtbücherei auch – alle Titel eines bestimmten Genres in einem Regal(abschnitt) vorfinden: Kinderromane, Abenteuergeschichten, Fantasy, Sachbücher … Die Kategorien „Jungenbücher" und „Mädchenbücher" können hier verwendet werden, wenn das Klassengespräch zu dem Schluss kommt, dass das sinnvoll ist.

Erweiterung der Unterrichtsidee
Jungen (und natürlich auch Mädchen), die sich das trauen, können im Rollenspiel-Interview als Autor oder Autorin des von ihnen erfundenen Buches auftreten und erzählen, wie sie dazu kamen, es zu schreiben, welche Leserzuschriften sie schon bekommen haben, was sie als Nächstes schreiben wollen usw.

Bezug zu den Bildungsstandards für die Primarstufe (KMK, 2004)
Über Schreibfertigkeiten verfügen:
- eine gut lesbare Handschrift flüssig schreiben
- Texte zweckmäßig und übersichtlich gestalten
- den PC – wenn vorhanden – zum Schreiben verwenden und für die Textgestaltung nutzen

Texte schreiben:
- verständlich, strukturiert, adressaten- und funktionsgerecht schreiben: Erlebtes und Erfundenes; Gedanken und Gefühle (…); Erfahrungen und Sachverhalte

Texte überarbeiten:
- Texte auf Verständlichkeit und Wirkung überprüfen
- Texte in Bezug auf die äußere und sprachliche Gestaltung und auf die sprachliche Richtigkeit hin optimieren
- Texte für die Veröffentlichung aufbereiten und dabei auch die Schrift gestalten

Über Leseerfahrungen verfügen:
- verschiedene Sorten von Sach- und Gebrauchstexten kennen
- Kinderliteratur kennen: Werke, Autoren und Autorinnen, Figuren, Handlungen
- sich in einer Bücherei orientieren

2.3 Englisch

Englischunterricht auch für Jungen
von Gabriele Cwik

Beobachtungen
Die Erkenntnisse, die in den bisherigen Unterrichtsbeispielen genannt wurden, treffen auch auf den Unterricht in Englisch zu. Viele Mädchen trauen sich sehr schnell, erste Wörter auszusprechen oder ganze Sätze aus englischen und deutschen Wörtern zu bilden. Sie sind mit Freude bereit, kleine Rollenspiele durchzuführen und sich aktiv mit der neuen Sprache auseinanderzusetzen. Jungen sind eher introvertiert, was die Anwendung der neuen Sprache anbetrifft. Auch in Rollenspielen sind sie eher zurückhaltend. Sie vergleichen sich mit der sprachlichen Experimentierfreude der Mädchen und fühlen sich unterlegen. Fragt man genauer nach, so antworten sie: „Das finde ich affig." – „Das ist was für Mädchen." Aber der Unterricht in der Grundschule ist nun einmal so konzipiert, dass er das Hörverstehen und das aktive Sprechen in den Mittelpunkt stellt. Er ist angewiesen auf verbale Übungsphasen, die Rollenspiel, Dialog oder andere Spielformen nutzen, um bestimmte Redewendungen einzuüben.

Ziel
Die Jungen sollen zur Anwendung der neuen Sprache motiviert werden.

Umsetzungsvorschläge
Ermutigen Sie die Jungen immer wieder dazu, sich im Unterricht zu äußern; auch kurze Wortbeiträge sind willkommen. Lassen Sie aber keine Konkurrenzsituation zu den Mädchen entstehen. Gehen Sie behutsam vor: Wenn Jungen zu häufig aufgefordert werden und trotz Scheu etwas sagen müssen, ziehen sie sich immer mehr zurück und es wird zunehmend schwieriger, sie zu motivieren. Darum sollen hier andere Organisationsformen vorgestellt werden, damit sie erst gar nicht in diese Bedrängnis geraten.

Bilden Sie aus den Jungen und vielleicht auch Mädchen der Klasse, die sich nicht so gerne in der neuen Sprache äußern wollen, eine eigene Gruppe. Diese Kinder erhalten die Möglichkeit, sich Hörbeispiele von einer CD anzuhören (viele Unterrichtsmaterialien bieten eine zusätzliche Hör-CD an). Dieses „Sprachbad" führt zu einer Kompetenzerhöhung beim einzelnen Kind und wird ihm irgendwann einmal die Sicherheit für das eigene Sprechen geben.

Verbinden Sie lautes Sprechen mit Bewegung, zum Beispiel darf die Klasse langsam durch den Raum gehen und antwortet gemeinsam laut auf Fragen. Überhaupt vermittelt Sprechen im Verband allen Kindern erst einmal mehr Sicherheit. Sie können mal nur alle Mädchen, mal nur alle Jungen fragen oder alle Blonden, alle Schwarzhaarigen, alle mit rotem Pullover usw.

Nutzen Sie ritualisierte Abläufe in Gruppen, in denen das einzelne Kind nicht so exponiert dasteht. Lassen Sie alle Kinder im Sitzkreis Platz nehmen. Der Reihe nach beantworten die Kinder eine Frage von Ihnen, etwa: Wann hast du Geburtstag? Was ist dein Lieblingssport? Wie heißen deine Eltern? Achten Sie darauf, dass am Anfang einige leistungsstarke Kinder sitzen. Die anderen haben Zeit, sich auf ihre Antwort vorzubereiten.

In Rollenspielen erleichtern einfache Pappmasken vielen Kindern das öffentliche Sprechen. Auch der Einsatz von Handpuppen, für die man stellvertretend spricht, motiviert und lässt die Scheu leichter vergessen.

Wichtig ist am Anfang des Sprachlernprozesses, dass die Kinder zwischen unterschiedlichen Lernmöglichkeiten wählen dürfen. Bieten Sie also viel verschiedenes Material an. Holen Sie Vorleser in die Klasse, die Geschichten in der neuen Sprache vorlesen, hören Sie gemeinsam englische Lieder oder schauen Sie passende Filme an. Aus dieser Sprach-Umgebung heraus werden sich immer mehr Kinder zutrauen, selber die neue Sprache anzuwenden.

Auch die Gruppenzusammensetzung für Rollenspiele in einer Sprechübung sollte für einige Kinder möglichst geschlechterhomogen sein. Hier müssen sich die Jungen nicht mit den Mädchen direkt vergleichen und trauen sich eher, an den Sprechversuchen teilzunehmen.

Es bieten sich auch sportliche Betätigungen an, um Sprechsituationen herauszufordern. Größere Jungen spielen mit kleineren Jungen Fußball. Vorher eingeübte Redewendungen, die nur das Fußballspielen betreffen, werden dann immer wieder während des Spielens eingeübt. Die großen sind das Sprachvorbild der kleinen.

Jungen sind oft sehr an technischen Themen interessiert. Alle Teile des Autos werden sie sehr schnell kennenlernen wollen. Ein entsprechendes Quartett bietet sich als Übungsmöglichkeit an.

Aus der Erfahrung heraus sind Jungen eher bereit, sich mit entsprechenden Übungsprogrammen am Computer auseinanderzusetzen. Auch hier bieten Verlage eine Bandbreite an Möglichkeiten.

Grundsätzlich benötigt die Englischlehrerin oder der Englischlehrer eine Vielzahl an Materialien und Methoden, die der Motivation und dem Zutrauen der Jungen entsprechen. Erst eine vertrauensvolle Lernumgebung wird sie zur Anwendung der neuen Sprache ermutigen.

2.4 Sachunterricht

Wale, Haie, Quallen & Co.
von Theo Doerfler

Die Lehrpläne der Bundesländer bieten im Heimat- und Sachunterricht der dritten oder vierten Klasse inzwischen sicher eine Vielzahl von abwechslungsreichen technischen und naturwissenschaftlichen Inhalten an, die Jungen interessieren. Neben den festgelegten Themen, die man im Unterricht behandeln muss, gibt es immer häufiger auch Platz für sogenannte „eigene Themen". Dadurch möchte man den Lehrkräften und Schülern die Gelegenheit geben, eigenen individuellen Interessen in diesem Unterrichtsfach nachzugehen, bzw. diese ganz bewusst einzuplanen.

Viele für das Fach typische Arbeitstechniken wie Nachschlagen, Recherchieren, Sammeln, Experimentieren, übersichtliches Aufbereiten und Dokumentieren, Zusammenfassen, Referieren werden von den Schülern wesentlich motivierter angegangen, wenn das Thema selbst ausgesucht wurde und dem eigenen Forscherdrang gerecht wird. Über das „eigene Thema" wird den Jungen in der Klasse die Möglichkeit eingeräumt, sich gezielt *ihr* Interessengebiet herauszusuchen. Vielleicht ist es gerade aktuell in den Medien präsent oder es gibt dazu viele Bücher zu Hause; vielleicht begeistert sich ein Kind schon lange für das Thema, nur leider wollte bisher in der Schule nie jemand etwas davon wissen.

Die Erfahrungen zeigen, dass vor allem Jungen in der Erarbeitung von eigenen Themen im Sachunterricht eine Dynamik entwickeln, die im normalen Unterrichtsgeschehen oft nur sehr mühsam zustande kommt. Dabei sind Sachbücher meist der Ausgangspunkt für die intensivere Beschäftigung mit einem bestimmten Thema. Für Jungen sind daher sogenannte „Wissensecken" im Klassenzimmer, in denen eine gute und aktuelle Auswahl an Sachbüchern vorhanden ist, von großer Bedeutung.

Aus über zehn Jahren Unterrichtserfahrung mit „eigenen Themen" haben sich zwei unterschiedliche Herangehensweisen bewährt:
1. Will man als Lehrkraft den Schülern möglichst große Freiheiten in der Themenauswahl lassen, sollte man eine Unterrichtsstunde pro Woche aus dem gesamten Stundenpool des Sachunterrichts herauslösen und diese am besten an das Ende der Schulwoche legen. Ein oder zwei Schüler stellen in dieser Schulstunde maximal zwanzig Minuten lang ein selbst bearbeitetes Thema vor. Im Anschluss daran findet eine Reflexion zum Referat statt. Dabei werden Inhalte geklärt, neues Wissen genannt und auch Präsentationstechniken kritisch-konstruktiv diskutiert. Am Ende wird ein neues Thema vereinbart, das der nächste Schüler

(oder auch mehrere) vorstellen soll. Dazu bekommen sie eine Woche Zeit (im Wochenplan oder am Nachmittag zu Hause), um das Thema aufzubereiten. Die Schüler wählen außerdem die Art der Präsentation (Plakate, Wortkarten, Bilder, Power Point usw.) selber aus. So haben auch technisch versierte Jungen die Möglichkeit, den PC und den Beamer als Präsentationsmedium zu nutzen.

2. Eine zweite Möglichkeit besteht darin, ein eigenes Thema über zwei oder drei Wochen in allen verfügbaren Sachunterrichtsstunden zu bearbeiten. Die Themenwahl wird am besten gemeinsam mit der Klasse abgesprochen. Dabei kann es durchaus sein, dass verschiedene Themen in Partner- oder Gruppenarbeit bearbeitet werden. Auch hier soll den Schülern und Schülerinnen die Art der Präsentation freigestellt werden. Am Ende der Bearbeitungszeit werden die Ergebnisse der gesamten Klasse vorgestellt.

Ein Beispiel

Hier soll nun exemplarisch anhand eines Themas eine mögliche Vorgehensweise zur Erarbeitung eines „eigenen Themas" dargestellt werden.

In einer vierten Grundschulklasse brachte ein Schüler einen Zeitungsartikel über das Wal-Drama in der Themse mit:

21.1.2006

Rettungs-Drama – Schiff transportiert Londoner Wal zur Nordsee

In London spielt sich eine dramatische Rettungsaktion ab: Der Entenwal, der sich in die Themse verirrt hat, wurde mithilfe eines aufblasbaren Pontons auf ein Schiff gehievt. Jetzt wird er in Richtung Nordsee transportiert.

London – Den Londoner Wal-Helfern ist ein überraschender Erfolg gelungen: Mithilfe eines aufblasbaren Pontons haben sie den Wal, der sich in die Themse verirrt hatte, aus dem flachen Wasser des Flusses befreit. Anschließend hat ein Kran den tonnenschweren Meeressäuger auf einen Lastkahn gehoben. Das Schiff ist derzeit auf Kurs in Richtung Nordsee und wird voraussichtlich

gegen 20 Uhr die rund 60 Kilometer von London entfernte Themse-Mündung erreichen. Der Leiter des Meeresmuseums in Stralsund sagte dazu ...

Dieser Artikel und entsprechende Fernsehsendungen, die die Kinder ein paar Tage lang verfolgt hatten, waren Ausgangspunkt für intensive Diskussionen über Wale und die Bedrohung, der diese Tiere durch den Menschen ausgesetzt sind. Es dauerte nicht lange und einige Jungen stöberten vor Unterrichtsbeginn durch die Sachbücher in der Wissensecke. Die Begeisterung für Wale wuchs von Tag zu Tag. Ein paar Mädchen entdeckten in einer im Klassenzimmer ausliegenden Kinderzeitschrift einen Artikel über Delfine.

So wurde der Entschluss in der Klasse gefasst, sich über verschiedene Meerestiere zu informieren und diese Informationen dann der Parallelklasse vorzutragen. Die Schüler entschieden sich dazu, in Gruppen zusammenzuarbeiten. Es kommt hin und wieder vor, dass es einzelnen Jungen schwerfällt, mit anderen Kindern in einer Gruppe zusammenzuarbeiten. Diesen Jungen sollte man als Lehrkraft immer auch die Option anbieten, alleine zu arbeiten. Die Erfahrung zeigt, dass die Auseinandersetzung mit der Sache dann wesentlich produktiver ist.

Folgende Meerestiere stießen in der Klasse gleich auf Interesse: Wale, Haie, Delfine, Quallen und Rochen. Diese Auswahl berücksichtigte auch in hohem Maße die Vorlieben bei Jungen für „gefährliche" Tiere.

Um der Gruppenarbeit eine Struktur zu geben, wurde das folgende Arbeitsblatt (siehe Vorlage auf S. 76) verwendet.

Die Tiere Wal, Hai und Rochen wurden sofort von den Jungen der Klasse ausgewählt. Zu Beginn jeder Unterrichtsstunde sollen sich die Sprecher jeder Gruppe im Sitzkreis dazu äußern, was sie heute bearbeiten oder fertigstellen wollen. Diese Vorausplanung ist sehr wichtig. Am Ende der Stunde wird in einer Reflexion überprüft, ob das Ziel erreicht wurde, was eventuell noch fehlt oder sich geändert hat.

Projekt: Wale, Haie, Quallen und Co.

Lest diese Anweisungen für eure Projektarbeit gut durch! Hakt die Punkte ab, die ihr schon bearbeitet habt.

Entscheidet euch, ob am Ende eures Projektes ein Plakat, eine Stellwand oder eine Mappe entstehen soll.

Diese Informationen solltet ihr sammeln:

- ☐ Wie viele verschiedene Arten gibt es von eurem Tier? Entscheidet euch für eine Art.
- ☐ Wo lebt euer Tier?
- ☐ Wie sieht euer Tier aus? (Beschreibung, Zeichnung, Foto …)
- ☐ Hat euer Tier besondere Verhaltensweisen? (Paarung, Verteidigung, Verhalten gegenüber Feinden …)
- ☐ Was frisst das Tier?
- ☐ Ist der Lebensraum eures Tieres vom Menschen bedroht?
- ☐ Steht das Tier unter Naturschutz?

Teilt die Aufgaben unter euch auf. Das Kind, das über einen Punkt Informationen sammelt, schreibt diese auch auf.

Wer einen Text mit Informationen gefunden hat, schreibt ihn nicht einfach ab. Besser ist diese Vorgehensweise: Lies dir den Text durch, merke dir Wichtiges und schreibe das, was du dir gemerkt hast, in eigenen Sätzen auf.

Sobald euer Plakat, die Stellwand oder die Mappe fertig ist, probt ihr euren Vortrag. Jeder aus der Klasse muss gleich viel sprechen.

© Cornelsen Verlag Scriptor, Berlin • Aus: Cwik, Jungen besser fördern

Falls das geplante Pensum nicht geschafft wurde, ist es wichtig, gemeinsam mit den Schülern nach Gründen zu suchen und diese dann für das nächste Mal festzuhalten. Vor allem für Jungen ist eine regelmäßige Reflexion über den Stand der Arbeiten sehr hilfreich. Bei wenig produktiven Phasen von bestimmten Jungengruppen muss diese bei Bedarf sogar während der Stunde durchgeführt werden. Wenn möglich, sollte zu einer solchen gruppenbezogenen Zwischenreflexion ein Gruppenraum oder der Gang vor dem Klassenzimmer genutzt werden. Abgesehen davon ist es sinnvoll, die Gruppen räumlich zu entzerren. So können alle Schüler viel produktiver arbeiten.

Eine Bearbeitungszeit, die sich über ein oder zwei Wochen erstreckt, muss unbedingt in geeigneten Abständen durch einen Input der Lehrkraft unterbrochen werden. Dies geschah in unserem Beispiel mithilfe eines passenden Films („Was ist Was – Wale und Delfine") und einer begleitenden Klassenlektüre („Sams Wal" von KATHERINE SCHOLES).

Das „eigene Thema" – Jungen wissen viel!
Diese sehr verkürzte Darstellung einer Unterrichtssequenz im Sachunterricht zu einem „eigenen Thema" soll dazu motivieren, ohne Scheu Themen im Sachunterricht speziell auch für Jungen auszuwählen.

Zusätzlich soll diese projektorientierte Form des Arbeitens als Chance für einen mehr auf Jungen und deren Bedürfnisse abgestimmten Unterricht gesehen werden. Jungen haben oft ein sehr umfangreiches Sachwissen und einen ausgeprägten Sinn für forschend-entdeckende Tätigkeiten. Ein offener und nach den individuellen Interessen ausgerichteter Sachunterricht berücksichtigt diese jungenspezifischen Charaktereigenschaften wesentlich besser.

2.5   Kunst

Am Strand – eine Figurengruppe erarbeiten
von Bärbel Kalkhoff-Ney

Ein Bericht aus dem Schulalltag

Die angehenden Drittklässler waren mit einem Brief in die Sommerferien entlassen worden, in dem ich sie aufforderte, Fundstücke aus Holz zu sammeln. Dabei konnte es sich um Treibholz handeln, um knorrige Äste, zerfaserte Borke – kurz: um ungewöhnliche Formen, die möglichst verschiedene Assoziationen zulassen würden.

Da es aber schwierig sein kann, solche unregelmäßigen Stücke zu bearbeiten und zu verbinden, regte ich die Kinder außerdem an, Bretter und Latten aus Weichholz aus dem Keller beizusteuern. Es kamen schließlich vier gut gefüllte Klappkisten zusammen.

Anregen ließen wir uns von PICASSOS Figurengruppe „Die Badenden" aus dem Jahr 1956 (im Internet anzusehen, z.B. unter www.swo.de/ staatsgaleriebadende2b.html).

PICASSO, der von sich selbst sagte: *„Ich suche nicht, ich finde!"*, hat aus Latten, Brettern und Bilderrahmen sechs Figuren geschaffen, die in ihrer Darstellung sehr reduziert erscheinen, die Personen jedoch zutreffend charakterisieren. Diesem Ziel wollten auch wir uns vorsichtig zu nähern versuchen.

Mit unserer begrenzten Auswahl an Fundstücken wollten wir Figuren bauen, die einer typischen Tätigkeit am Strand nachgehen. Zunächst sammelten wir die Eindrücke der Kinder und ihre Gedanken bei einer ersten Betrachtung. Dann wurde ein Ratespiel durchgeführt. Ein Kind bemühte sich, eine Figur durch seine Körperhaltung darzustellen. Die anderen rieten, welche gemeint war, um der Figur anschließend Tätigkeiten oder Eigenschaften zuzuschreiben. Zuletzt bekamen die Kinder in Kleingruppen Abbildungen der Figurengruppe und gaben jeder Figur einen Namen. Genannt wurden dabei Begriffe wie Strandwächter, Schwimmer, Sonnenanbeter, Ruderer, Planscher und einiges mehr. Die Kinder erkannten: Es war keineswegs beliebig, wie die Holzstücke zusammengesetzt waren. Trotz der Reduktion ihrer Gestaltungsweise hatten die Figuren deutliche Aussagen.

Eine Phase der Sammlung und Sichtung begann. Wir trugen Begriffe zusammen, die beschreiben sollten, welchen weiteren Tätigkeiten Menschen am Strand nachgehen. Die Ideen waren zahlreich: Muschelsammler,

Krebssucher, Eisverkäufer, Sandburgenbauer, Surfer, Angler, Ballspieler, Wasserskifahrer, Segler, um nur einige zu nennen. Wir hingen ein Plakat mit den Begriffen als Ideenbörse auf.

Nun wurden die Holzstücke gesichtet. In Kleingruppen oder Partnerarbeit wurden immer wieder Teile aneinandergehalten, ausgetauscht, zusammengebunden und wieder gelöst, bis die Kinder mit ihrem ersten Entwurf zufrieden waren. In dieser so wichtigen Phase des Erprobens und Verwerfens hatten nicht alle Schüler die notwendige Geduld und Ausdauer. Sie brauchten in kurzen Zwischengesprächen die Rückmeldung ihrer Klassenkameraden, gelegentlich Tipps oder zusätzliche Motivation.

Die technischen Aspekte kamen ins Spiel: Wie und womit sollte das Holz bearbeitet und wie die einzelnen Teile verbunden werden? Eine Auswahl von Werkzeugen stand bereit und gab erste Hilfestellung. In einer kleinen Werkzeugkunde wurden die Geräte, ihre Möglichkeiten und die richtige Handhabung erklärt. Mithilfe von Schraubzwingen, verschiedenen Sägen, Feilen und Schleifpapier sollte das Holz die richtige Form erhalten. Zum Verbinden und Befestigen hatten wir Hammer, Schraubendreher, Nägel, Schrauben, Winkel sowie Heißklebepistolen, Bast und Draht zur Verfügung. Inzwischen brannten die Kinder darauf, endlich loslegen zu können.

Für die praktische Arbeit hatte ich die Großväter der Kinder um ihre Unterstützung gebeten. Schon einmal hatte ich gute Erfahrungen mit einer solchen Aktion gemacht, und ich halte sie in besonderer Weise für geeignet. Großväter belehren in der Regel nicht, wie Lehrer und Eltern es vielleicht gern tun. Aber mit ihrem großen Erfahrungsschatz sind sie ein geschätztes, sofort akzeptiertes Vorbild für die Kinder.

Unsere Großväter standen mit Rat und Tat den Schülern zur Seite, überließen ihnen aber dabei den größtmöglichen eigenen Handlungsspielraum. Die nun folgende Bauphase war geprägt von einer zufriedenen, geduldigen und ruhigen Arbeitsatmosphäre, obwohl es nicht wirklich leise zuging.

Die Schüler fühlten sich sehr ernst genommen, sie durften mit all dem Werkzeug umgehen, das sonst eher den Erwachsenen vorbehalten bleibt. Die körperliche Anstrengung beim Werken bewirkte, dass auch die Jungen, die sonst eher unruhig sind, viel Ausdauer bewiesen und sich ganz in ihr Tun vertieften. Sie konnten es plötzlich aushalten, wenn ihnen etwas misslang. Geduldig suchten sie nach anderen Lösungswegen oder versuchten es noch einmal. Auch in dieser Beziehung waren die Großväter ein tolles Vorbild. Für sie war es ganz selbstverständlich, dass man verschiedene Vorgehensweisen ausprobieren musste. Wie sollte man zum Beispiel einen knorrigen Ast auf einem Brett befestigen? Einen Nagel von unten einschlagen oder doch lieber einen Winkel anschrauben? Reichte vielleicht der Heißkleber? Die Lösungen lagen nicht gleich auf dem Tisch. Sie mussten sich erst als brauchbar erweisen.

An zwei Tagen arbeiteten wir je eine Doppelstunde miteinander. Für viele Kinder hätte es noch lange so weitergehen können. Nicht nur die Jungen waren begeistert und stolz auf ihre Ergebnisse. Die Mädchen sind vielleicht etwas zögerlicher an die Sache herangegangen – sie erwarteten wohl eine klare Anweisung, was genau zu tun sei –, arbeiteten dann aber genauso eifrig mit und wurden im Laufe der Zeit immer mutiger im Umgang mit dem Werkzeug. Wenn sich die meisten Kleingruppen auch nicht geschlechtermäßig mischten, so gab es doch eine große gegenseitige Akzeptanz. Niemand fühlte sich überlegen, untereinander wurden alle Ergebnisse gewürdigt.

Schon einmal habe ich – in einem schwierigen vierten Schuljahr – mit Kindern Sägearbeiten durchgeführt. Nachdem sie die Handhabung der Laubsäge und das Einspannen der Sägeblätter geübt hatten, stellten die Schüler in einem Zeitraum von etwa vier bis fünf Wochen Kantenhocker her, die sie zu Weihnachten verschenken wollten. Auch damals war ich erstaunt, welche Veränderung an den Kindern zu beobachten war. Selten habe ich eine so nachhaltige Begeisterung bei allen Kindern gesehen. Meist waren sie schon dabei, ihren Arbeitsplatz einzurichten, wenn ich die Klasse betrat. Frustration schien ihnen fremd zu sein. Geduldig arbeiteten sie immer weiter, auch wenn wieder etwas abgebrochen war. Vollkommen selbstverständlich halfen sich Jungen und Mädchen gegenseitig.

Der Umgang mit Werkzeug scheint eine besondere Herausforderung speziell für die sonst manchmal schwierigen Jungen zu sein. Das Sägen kommt ihren motorischen Fähigkeiten entgegen. Körpereinsatz, also Aufwenden der ganzen Kraft, ist ein willkommenes Pendant zu den sonst eher feinmotorischen und kopfgesteuerten Anforderungen. Und nicht zuletzt baut es ihr Selbstwertgefühl auf, denn auf diesem Gebiet fängt fast jeder bei null an und kann schon bald sichtbare Erfolge verzeichnen.

Roboter und andere Erfindungen
von Christina Willert

„Ein gut strukturierter und regelgeleiteter Unterricht ... schafft klare Erwartungen und drückt gleichzeitig Wertschätzung für jedes Gemeinschaftsmitglied aus. Das brauchen Jungen heute, um sich in die Welt der schulischen Leistung einfügen zu können. Kommt ihnen diese Welt allzu weiblich daher, dann stellen sich bei ihnen Fremdheitsgefühle ein, und sie können keine guten Fachleistungen abliefern."

(K. Hurrelmann, G. Quenzel: „Lasst sie Männer sein",
Die Zeit Nr. 44, 23.10.2008)

Gerade im Fach Kunst können Lehrerinnen und Lehrer durch die Wahl der Themen, Verfahren und Materialien den Unterricht so planen und gestalten, dass insbesondere Jungen Lernmotivation aufbauen, ihre Bedürfnisse beachtet werden und an vorhandene Interessen und Kompetenzen anknüpft wird, um diese weiterzuentwickeln.

Haben Jungen die Möglichkeit, gestalterische Mittel frei einzusetzen, dann wählen sie häufig Themen aus den Bereichen Technik (Maschinen, Fahrzeuge, Flugzeuge) und Sciencefiction (Roboter, Raumschiffe). Sie nutzen verschiedene Werkzeuge und Materialien, experimentieren damit und versuchen auf diesem Weg ihre Vorstellungen und Bilder umzusetzen. Dabei greifen Jungen auch auf Bildideen aus Videospielen, Filmen oder Comics zurück.

Von dieser Beobachtung ausgehend ist das Vorhaben „Bau eines Roboters" in einer fächerübergreifenden Unterrichtseinheit zur Lektüre des Buches „Die Sockensuchmaschine" von KNISTER (Arena Verlag, Würzburg, Jubiläumsausgabe 2008, 3,95 €) ein willkommener Anlass, jungenspezifische Interessen stärker in den Mittelpunkt zu rücken.

Planung des projektorientierten Unterrichtsvorhabens
• Welche Voraussetzungen (Vorkenntnisse, Gestaltungsfähigkeiten, manuelle Fertigkeiten) bringen die Kinder insgesamt mit?
• Welche Kenntnisse sind für die verschiedenen Techniken und Methoden erforderlich?
• Besteht für die Kinder die Möglichkeit, zwischen verschiedenen Techniken zu wählen?
• Welche Techniken, Materialien und Werkzeuge eignen sich besonders, um das Interesse der Jungen zu wecken?
• In welchem zeitlichen Rahmen soll das Vorhaben stattfinden?

Diese Fragestellungen stehen am Anfang der Planungen und sollen aufgrund der Zielsetzung, besonders die Jungen einer Lerngruppe anzusprechen, im Vordergrund stehen.

Das Buch „Die Sockensuchmaschine" bietet zum Beispiel im zweiten Schuljahr dazu vielfältige Anlässe, gestalterisch tätig zu werden:
*   Beschreibungen animieren zu zeichnerischen oder malerischen Ausdruckstätigkeiten. Aussagen und Inhalte werden in ein anderes Medium übertragen.
*   Textpassagen können zum Bauen im Sinne des Nach- und Neugestaltens anregen.
*   Bilder oder Illustrationen können untersucht, verfremdet und neu arrangiert werden (Collagen, Montagen).
*   Textabschnitte können als Figuren- oder Theaterspiele aufgeführt werden. Dafür gestaltet man die Figuren, Bühnen, Requisiten, Kostüme und Masken.
*   Der Inhalt des Buches wird in Spielszenen und damit in ein anderes Medium (Fotoroman, Comic, Film, Videoaufnahme) übertragen.

Die unterrichtlichen Schwerpunkte *Sammeln und Erproben von Materialien, Techniken und Werkzeugen* sowie *zielgerichtetes Gestalten und Präsentieren der Ergebnisse* bilden den Rahmen für die Umsetzung.

Für das Vorhaben sind wichtig: die Auseinandersetzung mit dem Buch (Text, grafische Gestaltung, Vignetten), die zeichnerische Gestaltung verschiedener „Roboter" in Anlehnung an die Buchgeschichte, die Verfremdung vorgefundener Zeichnungen mit zeichnerischen Mitteln, das gemeinschaftliche Bauen eines Roboters aus Kisten und Schachteln und das Ausgestalten mit geeigneten Materialien. Die nachfolgenden Aspekte sollen einen Überblick über die Gesamtplanung als fächerübergreifendes Unterrichtsvorhaben geben.

Deutsch
*   gemeinsames Lesen und/oder Besprechen wichtiger Textpassagen
*   individuelle Lektüre, begleitet von Leseaufträgen (Fragen zum Text beantworten, Aufgaben zum Text bearbeiten)
*   Textteile abschreiben, umschreiben (Text als Schreibanlass nutzen)
*   Rollenspiele, szenisches Spiel erproben
*   Gelesenes für andere zusammenfassen oder nacherzählen
*   sich gegenseitig vorlesen

Kunst

- Illustrationen verändern
- eigene Roboter oder Maschinen erfinden und zeichnen
- einen Roboter oder eine Maschine bauen

Das Buch „Die Sockensuchmaschine" erleichtert mit einfachen Satzkonstruktionen und einer dem Alter der Kinder angemessenen Wortwahl die Erschließung des Textes, eignet sich daher formal und inhaltlich für die Lektüre mit Jungen. Die 29 Bleistiftzeichnungen in unterschiedlicher Größe regen an, sich den Inhalt des Buches bildhaft vorzustellen. Im Buch übernehmen sie die Funktion, wichtige Textstellen hervorzuheben und bedeutsame Inhalte zu illustrieren. Eine kurze Inhaltsangabe verdeutlicht Aspekte der Buchgeschichte, die Auswirkungen auf die ästhetische Praxis haben.

Das Buch erzählt die Geschichte von Jonas, der sich von einem eigentümlichen, neuen Nachbarn angezogen fühlt. Nach anfänglichen Schwierigkeiten überwindet er seine Scheu, freundet sich mit dem Nachbarn Professor Turbozahn an und bekommt heraus, dass dieser ein Erfinder ist, dem die Ideen für Erfindungen ausgegangen sind. Jonas verhilft ihm zu neuen Ideen und erhält dafür die erfundenen Maschinen. Allerdings kann Professor Turbozahn nicht immer sicherstellen, dass seine Erfindungen richtig funktionieren.

Vorgefundene, weiterentwickelte und eigene Bilder

Ganzheitliche Zugänge zum Thema sind:

- Zeichnungen mit allen Sinnen erkunden, das heißt betrachten, die abgebildeten Personen und Situationen spielen, Geräte und deren Funktionsweisen beschreiben, Geräusche oder Farben zuordnen
- vorgegebene Teile von Zeichnungen fortsetzen und dabei geeignete grafische Zeichen finden
- eigene Ideen für Geräte (Roboter, Maschinen) entwickeln und zeichnen
- sich mit der Gestaltung von Maschinen oder anderen Geräten auseinandersetzen

Beim Vergleich der Abbildungen im Buch mit funktionsfähigen Geräten (wie einem Kassetenrekorder) können Jungen ihre Kenntnisse über technische Geräte einbringen: Teile des Roboters, Knöpfe oder Tasten haben eine spezifische Funktion, sind gleichzeitig aber auch ein Gestaltungsmerkmal der Maschine. Davon ausgehend können eigene Zeichnungen angefertigt werden. Der langfristige Auftrag, „Maschinenteile" zu sammeln, setzt einen intensiven Prozess der Auseinandersetzung mit Materialien in Gang.

Die Entwicklung von Bildideen und Vorstellungen wird gestützt, indem die Kinder eigene Maschinen erfinden und zeichnen. Sie müssen grafische Zeichen für Gitter, Knöpfe, Tasten, Zahnräder, Zeiger usw. entwickeln und bekannte bildnerische Mittel (zum Beispiel Farbe) einsetzen, um eine emotionale Wirkung ihrer Bilder zu unterstützen (Gelb und Rot für freundliche, hilfsbereite Roboter oder Grün und Schwarz für zerstörerische Maschinen). Geschlechtsspezifische Unterschiede bei der Gestaltung und inhaltlichen Deutung der Ergebnisse werden sichtbar.

Diese offenere, freiere Arbeitsphase kann weitgehend von den Jungen und Mädchen selbst bestimmt werden. Sie wählen selbstständig Schwerpunkte für die Darstellung, Arbeitsmaterialien (Blei-, Bunt-, Faserstifte) und Bildformate aus, mit denen sie ihre Ideen umsetzen. Zielführend ist der Hinweis, dass die Funktionen der jeweiligen Maschine, die in der Regel sehr schnell thematisiert werden, deutlich herausgearbeitet werden sollen.

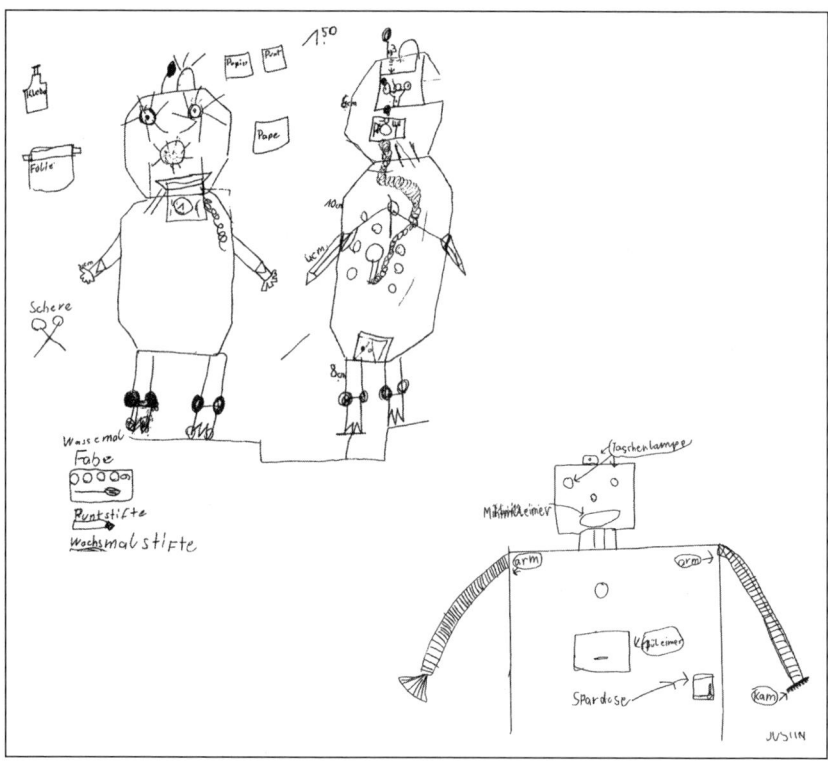

Beispiele für Schülerarbeiten

Planen und Herstellen des Roboters

In der nächsten Phase des Vorhabens werden die gesammelten Materialien gesichtet, ertastet und im Hinblick auf bestimmte Gestaltungsabsichten auf ihre Brauchbarkeit überprüft (Oberflächenbeschaffenheit, Form, Funktion, Möglichkeiten der Verfremdung ...). Diese Materialien eignen sich – neben vielen anderen – besonders:

- Kartons, Kisten, Schachteln, Dosen
- Folien, Alufolien, Glitzerpapiere
- Drähte, Kabel
- Knöpfe, Schalter
- Staubsaugerteile, Schläuche, Gehäuse
- Fahrradteile
- Schrauben, Metallteile
- Turnschuhe, Rollschuhe
- Fön, Kamm
- Löffel, Schere

Je nach Vorkenntnissen der Lerngruppe kann es sinnvoll sein, vorab einfache Bauprinzipien und Verbindungen mit Materialien (Flüssigkleber, Klebepistole, Papier, Pappe, Folie) und Werkzeugen (Schere, Zange, Bohrer, Tacker) experimentell zu erproben. Erfahrungen im Umgang mit Materialien und Werkzeugen sollen in dieser Phase einbezogen werden.

Die Beschreibung der Elemente eines Roboters ist Ausgangspunkt für die weitere Arbeit: Er besitzt in der Regel einen Kopf, einen Rumpf, mehrere Arme und Beine und eine metallisch wirkende Oberfläche. Es bietet sich an, mit einem Partner oder in kleinen Gruppen zu arbeiten, um sich gegenseitig im Prozess der Gestaltung zu unterstützen und zu helfen:

- geeignete Materialien auswählen und Verbindungen herstellen
- Standfestigkeit der Konstruktionen sicherstellen
- Teilfunktionen (etwa einen Hebearm) erproben und beim Hantieren mit Material spielerisch nach Umsetzungsmöglichkeiten suchen
- Oberflächen (zum Beispiel durch Aufkleben von Folien, Knöpfen, Gitter; Anmalen) gestalten.

Zwischendurch können Ideen diskutiert, Fragen geklärt und Verabredungen getroffen werden:
- Wo und wann sollen Arme und Beine angebracht werden? (Klebeflächen freihalten, Löcher für Steckverbindungen schneiden, Einzelteile nicht zu sehr beschweren, Einzelteile kurzzeitig verbinden, Gesamteindruck überprüfen)

- Wie stellt man haltbare Verbindungen her? (Geeignete Kleber bestimmen, Steckverbindungen zum Beispiel für Röhren erproben, Kreppband benutzen und damit Klebeflächen bis zum Trocknen sichern, Oberflächen erst nach dem Kleben gestalten, Drähte und Kabel verknoten)
- Welche Wirkung haben die gestalteten Ergebnisse? (Oberflächen- oder Farbwirkungen bestimmen, Anordnungen wie die Teile des Kopfes, der Arme oder Beine überprüfen)

Resümee

Die Themen Roboter, Erfindungen und Maschinen faszinieren insbesondere Jungen. Der Lernprozess ist an vielen Stellen offen für ihre Ideen und Vorstellungen. Darüber hinaus kommen Gestaltungsvorhaben (räumliches Gestalten figurativer Elemente) dem Bedürfnis nach Material- und Werkzeugeinsatz entgegen. Bewegung und körperlicher Einsatz beim Bau der Maschinen ist gewollt und gehört zum Gestaltungsprozess dazu. Gerade Jungen können vorhandene Kompetenzen einsetzen und damit zielgerichtet weiterentwickeln.

Das Themenfeld eröffnet weitere Ansatzpunkte für ästhetische Erziehung im Spannungsfeld von zweckfreien, spielerischen Konstruktionen (zum Beispiel Arbeiten von JEAN TINGUELY) und zweckgebundenen, gestalteten Geräten. Daran kann eine kritische Betrachtung vorhandener Vorstellungen und Wirkungen (wie bei Maschinen mit der Funktion der Zerstörung) anknüpfen und damit zur kritischen Rezeption von Fantasiewelten wie in Computerspielen oder Filmen beitragen.

Kunstlehrerinnen und Kunstlehrer finden darüber hinaus eine Vielzahl von geeigneten Anlässen für Gestaltungsvorhaben, die besonders für Jungen attraktiv sind: Über die Collagen und Plastiken von PICASSO oder MIRO, die Werke von UECKER bis hin zu den Künstlern des 21. Jahrhunderts, die Computer und Videos einsetzen, bietet die Auseinandersetzung mit Kunstwerken viele spannende Zugänge.

2.6 Musik

Megastarke Rhythmen: Sprech-Stück mit rhythmischen Instrumenten
von Helmut Maschke

Spielen auf rhythmischen Instrumenten, insbesondere das gegenwärtig in vielen Schulen praktizierte Trommeln, ist eine elementare Musizierweise, bei der man – im Gegensatz zu den klassischen Instrumenten wie Geige und Klavier – auch einmal Kraft haben darf, „Dampf ablassen" kann und wo jeder Schlag eine unmittelbare, eine der investierten Kraft gemäße akustische Wirkung hat. Diese Tatsache ist mit Sicherheit ein entscheidender Grund dafür, dass besonders Jungen das Spiel auf Percussionsinstrumenten bevorzugen (was jedoch nicht bedeuten soll, dass Mädchen keinen Rhythmus lieben).

Wenn es im Vorwort heißt: „Jungen tanzen anders und lieben andere Musikstücke", ist dies also durchaus berechtigt und begründet – und der moderne Musikunterricht muss es sich deshalb auch zur Aufgabe machen, dieser Veränderung in den Entwicklungen und Verhaltensweisen der Jungen Rechnung zu tragen. Die Arbeit mit Trommeln ist ein praktikabler und von den Schülern geschätzter Weg in diese Richtung; doch sollte der Musikunterricht nicht ausschließlich als reine Trommel-Session ablaufen, denn das führt früher oder später zu Einseitigkeit und Eintönigkeit; die Musikerziehung hat noch weitere Aufgaben zu leisten.

Die Freude am Rhythmus kann auch in anderen Bereichen der Musikerziehung genutzt werden, so in der Hörerziehung, bei Spiel-mit-Stücken, in der Formenlehre und sogar beim Singen: Ein ansprechendes Lied, mit rhythmischen Instrumenten motivierend und mitreißend begleitet, hat schon aus so manchem Instrumentalisten einen Sänger gemacht. Doch die Erfahrung zeigt auch, dass der Lehrer hier vor einem nicht unerheblichen Problem steht: Das Singen – insbesondere mit Jungen – wird zunehmend schwieriger, da im Elternhaus nur noch sehr selten gesungen, in den Schulen das tägliche Lied nicht mehr gepflegt und das Singen unter den Kindern und Jugendlichen selbst oft als „uncool" eingestuft wird. Der Einsatz und die Pflege der Stimme, das elementarste Instrument des Menschen überhaupt, sollte dennoch – und gerade deshalb! – in keiner Musikstunde fehlen.

Den Weg aus dem Dilemma könnte die Arbeit mit Sprechstücken bieten, die in vielen Bereichen dem Lied ähnliche musikalische Fähigkeiten fördert und fordert (Veränderung der Tonhöhe, Wechsel in der Dynamik, bewusster Einsatz des eigenen Atems, körperliches Erfahren von musikalischen Abläufen). Eine metrisch gebundene Textzeile, ein Vers, ein Abzählreim oder ein „Rap" schult auf besondere Weise den Rhythmus und gibt dem Schüler konkrete, fassbare Hilfen an die Hand, indem Sprache an sich schon Rhythmus ist.

Wenn nun in einem Musikstück metrisch-gesprochene Texte und das Spielen auf rhythmischen Instrumenten miteinander verquickt werden, erfüllt dies sowohl die Forderung der Musiker nach vielfältigem Einsatz der Stimme als auch den Wunsch der Schüler nach rhythmisch-aktivem Tun und bietet somit optimale Möglichkeiten für einen motivierenden Musikunterricht – auch für Jungen.

Die nachfolgend dargestellte rhythmische Sprechzeile wird zunächst in ein Trommelstück eingebaut, anstelle eines Soloteiles gleichsam als „break". Die Gruppe spielt eine Phrase von acht oder sechzehn Takten auf der Trommel, danach spricht ein Solist den Text einmal und die Gruppe wiederholt. Damit das Metrum erhalten bleibt, spielt der Lehrer leise den Grundschlag weiter.

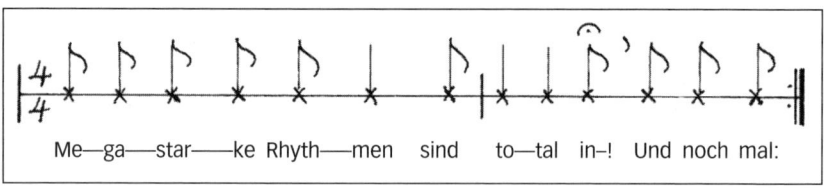

Eine vokale Variationsmöglichkeit besteht darin, die Zeile auf verschiedene Arten zu sprechen:
- laut – leise
- hoch – tief
- beginne die Zeile mit tiefer Stimme, werde allmählich höher und ende im Falsett
- beginne mit hoher Stimme
- sprich wie Udo Lindenberg
- sprich wie ein Punker
- rappe wie Bushido

Aus dem Wechsel von Trommelphase und Sprechstück könnte eine weitere Rondoform entstehen, bei der die Strophenteile aus von den Schülern selbst gedichteten Textzeilen bestehen. Diese Aufgabe öffnet die musikalischen Türen zum fächerübergreifenden Arbeiten, in diesem Fall zum Fach Deutsch. Gibt der Lehrer dabei Themen vor, die die Jungen besonders interessieren, wie Fußball, Fernsehen, Essen, Freundschaft, fördert dies die Schreibmotivation.

Die Schüler erhalten den Auftrag, im vorgegebenen Rhythmus neue Textzeilen zu finden (eventuell in Gruppenarbeit), wobei der Lehrer – das zeigt die Erfahrung – helfend zur Seite stehen muss. Die gefundenen Texte werden nun in das Spielstück eingebaut: Zwischen die Trommelphasen spricht jede Gruppe ihre Zeile und die ganze Klasse wiederholt den Text. Anschließend werden wieder acht oder sechzehn Takte getrommelt. Das Stück erhält auf diese Weise folgende Struktur:

Text A: solo – tutti // Trommelphase // Text B: solo – tutti // Trommelphase // Text C: usw.

Beispiele einer Textunterlegung des vorgegebenen Rhythmus, wie sie von den Jungen gefunden werden könnten, sind:
- Zwei belegte Brötchen mit ganz viel Senf – und Majo!
- Charly mampft zwei Hotdogs – und ich krieg nix! Ja so was!
- Gib mir mal 'ne Cola! Das zischt! Boah, ey!
- Immer wenn ich Frust hab, dann trommle ich. Na logo!
- Poldi stürmt nach vorne und schießt ein Tor. (+ dreimal klatschen anstelle der Silben „und noch-mal!")

Im letzten Vers könnte zusätzlich die Bewegung mit einbezogen werden: Beim Namen „Poldi" werden beide Arme nach vorne gestoßen, beim „Tor" führen alle die rechte Faust nach oben (man kennt diese Bewegungen aus den Fankurven der Fußballstadien). Manchmal finden sich in den Klassen einzelne Jungen, die Elemente des Breakdance beherrschen. Im Stile eines Videoclips könnten die Rap-Zeilen mit Tanzfiguren verbunden werden (oder einfach auch nur mit der Haltung und den typischen Armbewegungen eines Rappers), wobei das richtige „Outfit" und ein englischer Text nicht fehlen dürfen:
- We all like the music, it's wonderful! O really!

Der gegenwärtige Musikunterricht hat mit einer zusätzlichen Schwierigkeit zu kämpfen, die ganz besonders in der Arbeit mit Jungen deutlich wird: Es besteht bei den Schülern eine große Diskrepanz zwischen ihrem Hör-Anspruch (man kennt die perfekten Rhythmen der Popmusik, wo echte Profis und Computer die Begleitungen zu den einzelnen Songs einspielen) und ihren tatsächlichen rhythmischen Fähigkeiten (das Selbst-Tun tritt zunehmend in den Hintergrund, man lässt Musik machen, indem CDs aufgelegt werden).

Das führt oftmals dazu, dass Rhythmen, die den Fähigkeiten einer durchschnittlich begabten Klasse angepasst sind, als zu brav abgelehnt werden. Hier kann in gewisser Weise Abhilfe geschaffen werden, indem ein auf dem Keyboard angewählter Rhythmus (jedes Gerät bietet mehrere Versionen eines Schlagzeug-Ostinatos im Rockstil) im entsprechenden Tempo als Hintergrundsound eingespielt wird (ein Knopfdruck genügt). Dazu rappen, spielen, tanzen ... die Schüler ihre Rhythmen, fühlen sich eingebunden in einen poppigen Sound und erhalten damit gleichzeitig eine Hilfe für das Beibehalten des Metrums.

Ein weiterer, zugegeben anspruchsvoller Schritt zur Verbindung von Sprache und Bewegung besteht in der Möglichkeit, mit den Schülern eine „Menschen-Maschinen-Musik" zu entwickeln: Der Lehrer teilt die Klasse in Gruppen zu drei oder vier Kindern ein. Ihre Aufgabe ist es nun, mit ihren Körpern eine Maschine zu „bauen", indem sie sich in verschiedene Ebenen (am Boden sitzen, knien, gebückte oder gestreckte Haltung) begeben und mit ihren Armen und Händen (die durchgefasst sein können), aber auch mit dem ganzen Körper wie eine Maschine rucken, kreisen, stampfen. Die Bewegungen werden exakt im durch das Sprechstück vorgegebenen Rhythmus ausgeführt und die Schüler sprechen dazu einen passenden Text. Dieser sollte die Geräusche einer Maschine wiedergeben, was am besten durch lautmalerische Silben geschieht. Dafür bietet uns die Comicsprache vielfältige Anregungen:
• Knister knister rumpel – und: Quietsch! Zisch! Boing! – Tetaka

Eine dritte Möglichkeit der Arbeit mit Sprechstücken besteht darin, den mithilfe von Textsilben vorgegebenen Rhythmus durch einzelne Instrumentenklänge zu ersetzen. Dadurch wird die rhythmische Zeile noch interessanter und lebendiger, indem unterschiedliche Sounds bzw. Geräusche erklingen. Die Schüler flüstern dabei die zuvor unterlegten Texte nur noch. Lediglich ganz sichere Spieler werden auf die vokale Unterstützung verzichten können, wogegen unsichere sich bei ihrem Einsatz an den Wörtern und Silben orientieren, die eine ganz konkrete, fassbare Musizierhilfe darstellen (das ist der ungemeine Vorteil gegenüber dem häufig praktizierten abstrakten Mitzählen).

Der Sprechrhythmus sollte jedoch nicht nur auf die im Musikunterricht üblichen Schlaginstrumente übertragen werden. Man kann dabei auch völlig andere, ungewohnte Klänge nutzen, die mindestens so interessant klingen wie die klassischen und überdies auch noch äußerst motivierend sind (die Gruppe „Stomp" hat uns das auf begeisternde Weise vorgeführt).

Vorschlag für die Aufteilung:

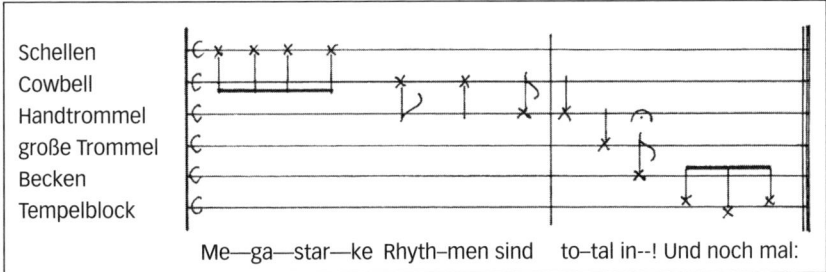

Jungen gehen gern mit Hammer und Nägeln um (siehe auch Vorwort), was hier aufgegriffen wird, indem weitere „Instrumente" eingesetzt werden:

• Werkzeuge (verschieden große Hämmer, feilen auf Blechdosen, feilen von Holzstücken)
• Müllinstrumente (Kartons, Dosen, Flaschen, Plastik)
• Bälle (in unterschiedlichen Größen und Materialien)
• Küchengeräte (Töpfe, Schüsseln, Tassen, Löffel)
• Putzsachen (Eimer, Bürsten, Besen auf dem Boden kehren, am Stiel anschlagen)

Die Arbeit mit den vorgeschlagenen Geräuschen und Klängen könnte in Gruppen ablaufen: Jede Gruppe ist für eine der genannten Klangfamilien zuständig. Die Schüler ordnen zunächst die einzelnen Gegenstände nach der Klanghöhe von hoch nach tief. Anschließend übertragen sie die Geräusche auf den vorgegebenen Rhythmus, indem sie zum Beispiel festlegen: Die Löffel erklingen beim Wort *„Megastarke"*, die Tassen beim Ausdruck *„Rhythmen"*, die kleinen Töpfe an der Stelle *„sind total"* usw.

Die Zuordnung der Klänge ist den Schülern natürlich freigestellt; hier können sie so recht nach Herzenslust experimentieren und ganz nach ihrem musikalischen Empfinden entscheiden. Wichtig ist allerdings, dass sie sich alle an die festgelegte (und zuvor geübte) Rhythmus-Zeile halten.

Am Schluss führen sich die Gruppen gegenseitig die komponierten Ergebnisse vor. Es empfiehlt sich, die Rhythmus-Stücke mehrmals hintereinander spielen zu lassen, da die Schüler erfahrungsgemäß etwas Zeit brauchen, bis ihr Stück „rund läuft". Abschließend kann auch hier ein gemeinsames Rondo musiziert werden, bei dem die ganze Klasse mit einbezogen wird: Refrain (alle Gruppen spielen gleichzeitig ihre rhythmische Zeile 4-mal) – Strophe 1 (4-mal Solo der Werkzeug-Gruppe) – Refrain – Strophe 2 (4-mal Solo der Müll-Gruppe) – Refrain usw.

Last, but not least sei noch auf die Möglichkeit hingewiesen, die Sprech-
stücke bzw. die auf Instrumente übertragenen Rhythmuszeilen im Kanon
zu musizieren. Auch wenn die dadurch entstehende Überlagerung von unterschiedlichen Rhythmen nicht ganz leicht zu meistern ist: Die Erfahrung
zeigt, dass diese Form der Aufführung sehr motiviert (je mehr Einsätze
hintereinander, desto besser) und die Klassen dabei einen großen Ehrgeiz
entwickeln. Die Kanoneinsätze könnten so erfolgen:

a) im Abstand von einem ganzen Takt (auf diese Weise wird der Kanon
   zweistimmig)

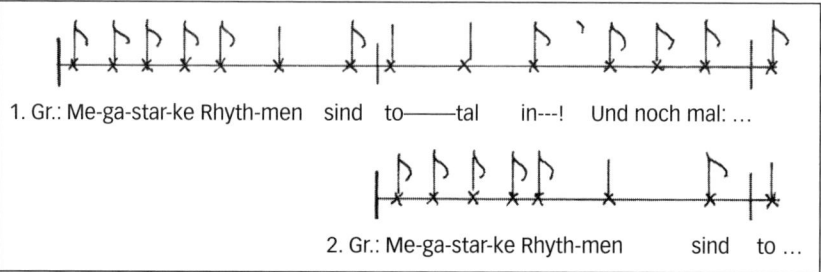

b) im Abstand von einem halben Takt (auf diese Weise kann der Kanon bis
   zur Vierstimmigkeit erweitert werden)

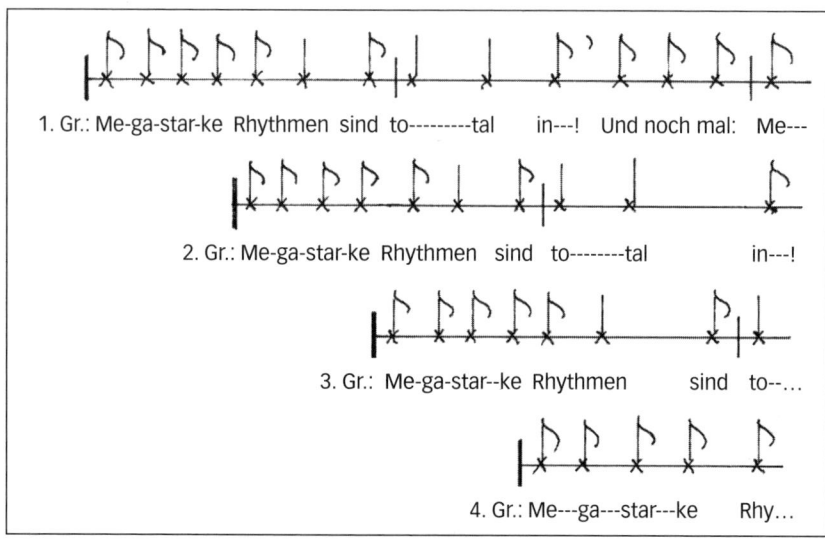

Wer es schwierig und kompliziert mag: Selbst die auf Seite 90 genannten Menschen-Maschinen können im Kanon einsetzen, immer natürlich in Verbindung mit Klangsilben und Bewegung.

Eine Abwechslung der musikalischen Klänge gestaltet das Kanon-Musizieren farbiger, indem man Sprache und Instrumentalspiel auf unterschiedliche Weise kombiniert: Jede Gruppe beginnt mit der reinen sprachlichen Ausführung (= Rap-Fassung) des Stückes (zwei Durchläufe), schließt daran (ohne Pause) die rein instrumentale Version an (2-mal) und setzt beim dritten Durchgang gemeinsam mit Sprache plus Instrumenten ein (2-mal).

Abschließend sei noch darauf hingewiesen, dass es der Lehrer keinesfalls versäumen sollte, am Ende einer Unterrichtsstunde oder einer Sequenz die musikalischen Ergebnisse zu dokumentieren: als Tonaufzeichnung oder Video. Dies ermöglicht allen Beteiligten eine objektive Betrachtung der Musikstücke auch zum Zweck einer anschließenden Korrektur bzw. Verbesserung. Die Konzentration sowie die Motivation der beteiligten Schüler steigen bei den Aufnahmen spürbar. Vielleicht ist eine Live-Aufführung möglich. Dabei fördert und festigt das kooperative Tun die Gemeinschaft, was auch den Jungen guttut.

Zur Weiterarbeit eignet sich: „Das Raphuhn", FELIX JANOSA, Eres-Edition, Bremen/Lilienthal (Textheft mit CD).

2.7   Sport

Ist es immer cool zu gewinnen?

von Stephanie Dellel

Thema und Intention

Am Schuljahresanfang habe ich in meiner neuen Klasse einen Steckbrief von den Schülerinnen und Schülern anfertigen lassen (Name, Geburtstag, Lieblingsfarbe usw.). Die letzte Eintragung des Steckbriefes war: „Das finde ich cool …". Achtzig Prozent der Jungen in dieser Klasse fanden es cool, im Fußball zu gewinnen („ … *wenn ich im Fußball der Sieger bin!", „Wenn ich im Fußball gewinne, weil da mein Trainer mit mir zufrieden ist!", „Nur wenn ich gewinne, bin ich bei meinen Freunden cool. Verlieren ist einfach blöd!", „Wenn ich nicht gewinne, will ich am liebsten jemanden schlagen!")*. Während der nächsten Wochen zeigte sich immer deutlicher, dass dieser Siegerwillen sehr ausgeprägt war und zu vielen körperlichen Verletzungen und Enttäuschungen führte. Dies war der Grund, warum die Sequenz „Ist es immer cool zu gewinnen?" in dieser Klasse durchgeführt wurde.

Viele Untersuchungen zeigen, dass sich die geschlechterspezifische Identifikation und der Status bei Jungen vor allen Dingen über außerschulische Bereiche wie den Sport vollziehen. „Aussagen von Jungen deuten außerdem darauf hin, dass Lernsituationen mit wettbewerbsähnlichen Bedingungen ihren Ehrgeiz besonders anreizen, um so mit einer größeren Motivation erfolgreicher zu lernen."[4] Das erklärt den Siegerwillen der Jungen, dieser sollte aber angemessen und nicht übertrieben ausgeprägt sein.

Die Mädchen meiner Klasse wurden erst gar nicht zum Fußballspiel zugelassen. Sie waren Zeuginnen der Spiele – mehr noch der Auseinandersetzungen. In den Besprechungen nach den Pausen waren sie sehr ausgeglichen und halfen beiden Seiten mit folgenden Aussagen: *„Man kann doch nicht überall gut sein!", „Lasst XY auch mitspielen, dann wird er automatisch besser!"* oder *„Dabei sein ist alles!"*

Die Klasse war sehr geübt darin, reflektiert (Diskussionen, Rollenspiele, Klangteppiche) über soziale Unterrichtsinhalte zu sprechen, und so wurde ein Pausenvorfall einige Wochen später zum Unterrichtsinhalt.

---

4   ULI BOLDT/MARLENE SCHÜTTE: Jungen in ihrer Vielfalt wahrnehmen! Zur Arbeit mit
      Jungen in der Grundschule. In: Die Grundschulzeitschrift: Jungen. 194/2006. S. 6

Durchführung

Die Kinder sollten zu Anfang der Stunde einen Text alleine durchlesen. Im Anschluss daran waren sie es gewohnt, Situationen nachzustellen: in Rollenspielen und/oder Klangteppichen. Die Schülerinnen und Schüler schafften es, sich so besser in die Situation einzudenken und die Gefühle besser zu versprachlichen. Für diese Situation habe ich mich dazu entschlossen, beides anzubieten. (Die Arbeitsanweisungen zu den Gruppenarbeiten finden Sie auf dem Arbeitsblatt auf S. 97) Bei den Gruppenzusammenstellungen sollte man darauf achten, dass die Gruppen entweder gemischt (Jungen und Mädchen) sind oder nur aus Jungen bestehen.

In einer reinen Mädchengruppe würde eine „perfekte" Schilderung der Situation entstehen und es entwickelt sich so kein richtiger, echter Diskussionsbedarf. Außerdem müssen sich die Jungen in den gemischten Gruppen mit den Lösungen der Mädchen auseinandersetzen. Hier bilden sich schon die ersten Diskussionen.

Die reinen Jungengruppen spielen idealerweise die realen Situationen nach. Wenn die Lehrkraft bzw. Klassengemeinschaft zustimmt, werden Aussagen der Schülerinnen und Schüler zugelassen, die man auch wirklich im Pausenhof hört. Das ist sehr wichtig für den Prozess der Auseinandersetzung.

Die Gruppen sollten dann beginnen, ihre Arbeitsaufträge zu erfüllen. (Wenn die Klasse noch keine großen Erfahrungen mit diesen Arbeitsformen gemacht hat, braucht sie natürlich detaillierte Anweisungen.) Diese Phase nimmt viel Zeit in Anspruch, aber sie ist sehr wichtig.

Bei der anschließenden Präsentation erteilt die Lehrkraft Beobachtungsaufträge für die ganze Klasse. Bei den Rollenspielen ist auf Mimik und Gestik der einzelnen Personen zu achten. Bei den Klangteppichen (Gruppenarbeit 2 und 3) soll auf die Wirkung des Gesagten geachtet werden (die Schüler sollen hier die Sätze mit dem entsprechendem Gefühl nacheinander wiederholen). So ist auch die Konzentration während der Präsentationen gesicherter.

In der anschließenden Diskussion über die verschiedenen Lösungen (Beispiele aus der Klasse waren: totale Ablehnung von Tobias, der ganze Pausenhof lacht über Tobias, übelste Beschimpfungen von Bens Seite, vernünftige Einwürfe von Nik und Emre, Rauswurf von Ben und viele weitere Vorschläge) haben viele Jungen ihre Meinung über das Siegen überdacht. Am Anfang waren natürlich alle Jungen für Ben und fanden seine Reaktionen angemessen.

Im Laufe der Stunde haben sich viele in ihrer Sichtweise erweichen lassen (*„Tobias kann ja auch nur ein paar Minuten eingewechselt werden. Dann wird er auch langsam besser!"*, *„Wir können ihm so helfen!"*, *„Er* *schämt sich ja auch!").* Die Wendung kam dann bei vielen, als ein Mädchen sagte: *„Gewinner gibt's nur dann, wenn es Verlierer gibt. Verlierer gibt's nur, wenn jemand anders gewinnt. Da muss man sich nicht drum hauen. Jeder gewinnt und verliert mal."* Ein anderer Junge sagte darauf: *„Außerdem kann die Mannschaft aus den Fehlern lernen, wenn sie verliert, und beim nächsten Mal so gewinnen!"*

Am Schluss dieser Sequenz überlegten sich alle, was sie in Zukunft (als Außenstehende oder Spieler) bei Streitfällen im Fußball machen werden. Dies hielt jede/r auf einem kleinen Zettel fest, der auf ein großes Plakat im Klassenzimmer geklebt wurde.

Literatur

BOLDT, ULI/SCHÜTTE, MARLENE (2006): Jungen in ihrer Vielfalt wahrnehmen! Zur Arbeit mit Jungen in der Grundschule. In: Die Grundschulzeitschrift: Jungen. Friedrich Verlag, Velber/Seelze, 194/2006

Arbeitsblatt „Ist es immer cool zu gewinnen?"

Lies folgenden Text genau durch!

Ben, Nik und Emre spielen in der Pause gern Fußball. Sie lieben es zu gewinnen.
Tobias spielt auch sehr gerne mit, aber er kann nicht so gut spielen. Häufig
verliert er den Ball. Er schämt sich dafür.
„Ich will nicht verlieren. Das ist voll uncool! Ich bin **kein Loser!**", schreit Ben
zornig während des Spiels. Er weiß, dass Tobias gerne gewinnen würde.
Er weiß auch, dass Tobias es nicht besser kann.
Aber Ben ist ein Gewinnertyp und macht alles für einen Sieg. Darum wirft er
Tobias in einer Spielpause aus der Mannschaft.
Nik und Emre stehen stumm daneben, aber sie sind sehr nachdenklich …

Arbeitsaufträge für die Gruppenarbeit:

- Gruppe 1:
  Wie geht die Geschichte aus? Überlege.
  Spiele das Ende in der Gruppe nach.

- Gruppe 2:
  Wie fühlt sich Tobias?
  Schreibe seine Gedanken auf.

- Gruppe 3:
  Was denken Nik und Emre?
  Schreibe ihre Gedanken auf.

- Gruppe 4:
  Was sagt Ben zu Tobias genau, als er ihn aus der Mannschaft wirft?
  Spiele die Situation nach.

© Cornelsen Verlag Scriptor, Berlin • Aus: Cwik, Jungen besser fördern

2.8   Fächerübergreifend

Von Erdmonstern und fantastischen Reisen ins Weltall
von Sabine Schulz

Thema

Die Erfolgsautorin CORNELIA FUNKE beschreibt in ihrem Bilderbuch „Das Monster vom blauen Planeten" (Fischer Schatzinsel, Frankfurt 2008, 12,90 €) ein seltsames Menschenmonster. Seltsam und scheußlich ist es zumindest für den außerirdischen Jungen Gobo vom Planeten Galabrazolus. Dieser würde sich zu Beginn der Geschichte nur allzu gerne so ein Monster fangen. Schließlich besitzen alle seine Freunde bereits ein Haustier von einem anderen Planeten. So fliegt er in seinem roten Raumschiff zur Erde. Der Leser und Betrachter des Bilderbuchs folgt bei dieser Reise dem distanzierten Blick Gobos auf „Steinwürfel, riesige graue Schlangen und stinkende Blechkäfer" (damit sind Hochhäuser, Straßen und Autos in einer irdischen Großstadt gemeint) und sieht die Dinge unserer vertrauten Welt plötzlich mit anderen Augen. Gobo gelingt es – mithilfe seines Raumschiffs – ein unbekanntes Mädchen zu entführen. Dieses „Menschenmonster" protestiert mit heftigen Wutanfällen gegen seine Gefangenschaft. Dass Gobo und das „Monster" schließlich doch noch Freunde werden, gelingt nur durch den respektvollen Umgang mit den Gefühlen des anderen. Gobo beschließt, sein menschliches „Haustier" wieder zur Erde zurückzubringen – allerdings nicht ohne ihm vorher die sieben Monde zu zeigen, die seinen geheimnisvollen Heimatplaneten umkreisen. Bei diesem Versprechen endet auch schon die Geschichte, die von BARBARA SCHOLZ mit ihren fantasievollen aquarellartigen Illustrationen imposant in Szene gesetzt wurde.

Was spricht nun aus „Jungensicht" dafür, dieses Bilderbuch im Unterricht zu thematisieren? Jungen lieben Monster, die in ihren Zeichnungen, Spielen und Kinderzimmern immer wieder auftauchen. Dass CORNELIA FUNKES Monster sich als ganz normales Mädchen entpuppt, überrascht und amüsiert. Was haben Mädchen mit einem wilden, scheußlichen und gefährlichen Monster zu tun? Besitzen diese nicht jene Attribute, mit denen sich Jungen doch sonst so gerne im Spiel schmücken? Das wirft Fragen auf, die nicht nur das Geschlechterverhältnis betreffen. Könnte aus der Sicht eines Außerirdischen nicht jeder Mensch ein Monster sein? Warum findet Gobo das Mädchen so scheußlich?

Auch die Zeichnungen sprechen für das Bilderbuch. Die vielen lustigen Details auf den großflächigen, atmosphärischen Bildern des Buches lenken den Blick des Betrachters in das Innenleben des Raumschiffes, das an einen roten Staubsauger erinnert. Wird das alltägliche Treiben auf Gobos Heimatplaneten dargestellt, so tummeln sich zwischen zahlreichen Zahnrädern, Luftblasen, Schrauben und Knöpfen lustig aussehende Außerirdische, die mit ihren Tätigkeiten (lesen, putzen, Eiscreme verkaufen, Briefe austragen, Raumschiff steuern, im Weltall fliegen) an die alltäglichen Erfahrungen, Wünsche und Träume vieler technikbegeisterter Jungen anknüpfen.

Gobo, die Hauptfigur der Geschichte, wird als kleines türkisfarbenes Männchen gezeigt und könnte seiner Gestaltung nach auch der Held eines Comics sein – jener Lektüreform, die bei Jungen so beliebt ist. Sein ausgeprägter Forscherdrang, seine technischen Besitztümer (wie sein genialer Übersetzungshelm mit Glühbirne) und sein Wunsch nach einem eigenen Haustier machen Gobo zu einer geeigneten Identifikationsfigur für Jungen.

Die Geschichte entführt den Leser in ferne, fantastische Galaxien und beleuchtet alltägliche Phänomene, die auf der Erde existieren (zum Beispiel technische Fortbewegungsmittel, Pflanzen, Haustiere, Berufe), unter einem fremdartigen Blickwinkel. Hier ergeben sich zahlreiche fachliche Anknüpfpunkte zum Sachunterricht, die den technischen und naturwissenschaftlichen Interessenschwerpunkten der Jungen entsprechen. Diese lassen sich in Verbindung mit Sach- und Gebrauchstexten im Unterricht aufgreifen und vertiefen.

Unter dem sozialen Blickwinkel betrachtet, reizt das Buch zur Auseinandersetzung mit dem Andersartigen und lässt den Wert von Toleranz und Respekt vor den Gefühlen des anderen erkennen, ohne dass dabei der moralische Zeigefinger zu sehr erhoben wird. Dies geschieht vor allem durch den emotionalen Dialog zwischen Gobo und dem „Erdmonster".

Das Buch lädt dazu ein, sich das Ende selbst weiter zu denken bzw. spielend, bauend, malend oder schreibend ein eigenes Universum zu entwerfen. Dabei können in einem fächerübergreifenden ästhetisch orientierten Unterricht insbesondere den Jungen jene körperlichen und geistigen „Bewegungsmöglichkeiten" gewährt werden, die sie sich wünschen und brauchen.

Ziele

In dem Unterrichtsbeispiel, das sich auf die zweite oder dritte Jahrgangsstufe bezieht, werden folgende Lehr- und Lernziele angestrebt:
Die Schüler sollen
• zum Schmökern und Lesen von Büchern angeregt werden
• ihre Ideen zum Monsterbegriff zeichnen und verbalisieren können

- sich in die außerirdische Perspektive Gobos hineinversetzen
- den Wert von Toleranz gegenüber dem Andersartigen und vom respektvollen Umgang miteinander erkennen
- eigene fantastische Vorstellungswelten zum Bilderbuch entwickeln und
  diese mit szenischen, bildnerischen und musikalischen Mitteln zum
  Ausdruck bringen
- in ihren motorischen Fähigkeiten gefördert werden
- spannende bzw. lustige Texte zur Geschichte (aus der Ich-Perspektive
  oder als Comic) verfassen

Unterrichtsverlauf
Über die Präsentation einer Fotografie aus dem Weltraum mit Blick auf die
Erde oder über das gemeinsame Betrachten eines Globus wird das Vor-
wissen der Kinder aktualisiert, das im Sachunterricht oder in offenen Un-
terrichtssituationen vertieft werden kann *(siehe hierzu auch Baustein 2).*
Der „außerirdische" Blick auf die Erde, der auf sehr amüsante Weise den
Beginn der Geschichte bestimmt, wird somit von den Kindern nachvoll-
zogen.

Im Anschluss daran wird den Kindern im Sitzkreis das Cover des Bilderbuchs präsentiert. Neben dem Titel und dem Namen der Autorin und
der Illustratorin erscheint vor dem grünstichigen Hintergrund eines großen mondartigen Planeten links der klein dargestellte blaue Planet Erde.
Die rechte Ecke, auf der das „Erdenmonster" und Gobo zu sehen sind,
bleibt noch abgedeckt, um den Schülern Gelegenheit zu geben, ihre ganz
persönlichen Vorstellungen zum Monster-Begriff zu reflektieren. Dies geschieht hier durch folgenden Auftrag: „Male mit deinen Wachsmalkreiden
auf blauem Papier, wie du dir das Monster vorstellst!"

Schüler, die bereits mit ihrem Bild fertig sind, bewegen sich damit zu
sphärischer Musik „leise wie Ufos" durch den Raum und „machen mehrere Zwischenlandungen" bei anderen Kindern, um mit ihnen die Eigenschaften der dargestellten Monster zu besprechen. Nachdem alle Bilder an
einer Seitentafel aufgehängt und die Monstermerkmale thematisiert wurden, versammeln sich die Schüler wieder im Sitzkreis.

Nun wird das Cover des Buches (siehe S. 107) aufgedeckt. Es erscheinen
Gobo, der Außerirdische, und das Mädchen, das fröhlich aus einem roten,
rohrähnlichen Fangarm herausschaut. Welche Rolle das Mädchen spielt,
bleibt den Schülern zunächst unklar. Dafür wird nun Gobo mit seinen Vorlieben (wie Bücher lesen) vorgestellt. Dabei ist es besonders reizvoll für die
Schüler, wenn man sie den lesenden Gobo auf jenem Bild suchen lässt, auf
dem das technisierte Leben der Planeten Galabrazolus detailliert darge-

stellt ist. Die Schüler stellen bei diesem Suchauftrag rasch fest, dass auch hier Briefe ganz normal per Postboten ausgetragen werden und dass es auf diesem Planeten Eiscreme gibt, die giftig-grün leuchtet.

Danach liest die Lehrkraft von Gobos Vorhaben vor, sich mit seinem neuen Raumschiff auf den Weg zur Erde zu machen, um sich ein „Haustier" zu fangen. Nachdem die Schüler im Sitzkreis erfahren haben, dass Gobo nun an „gefährlichen Meteoritenschwärmen" vorbei zur Erde schwebt, wird dem Bewegungsbedürfnis der Jungen Rechnung getragen, indem die Schüler Gobos Landeflug imitieren. Dabei nehmen die Schüler auf ihren Stühlen verschiedene Positionen ein, während die Lehrkraft den Countdown zählt.

An ihren Tischen angekommen erhalten die Schüler ein Arbeitsblatt (siehe S. 102) mit einem Textausschnitt, an den sich für Zweitklässler eine anspruchsvolle Aufgabe zum Sinnverständnis anschließt. Wer dabei Hilfe benötigt, kann sich das Großstadtbild des Buches ansehen. Hier wird ersichtlich, dass die „stinkenden Blechkäfer" auf „riesigen grauen Schlangen" fahrende Autos auf Straßen sind.

Nachdem im anschließenden Gespräch die „außerirdischen Begrifflichkeiten" geklärt wurden und sich das „Monster" als normales Mädchen entpuppt hat, erfahren die Schüler beim Vorlesen im Sitzkreis, wie das „Monster" bei einem Picknick von Gobo entführt und gefangen wird. Dieser hat – trotz seines Übersetzungshelms – zunächst überhaupt kein Verständnis für die seltsamen Reaktionen des verzweifelten Mädchens, das wütend in seinem Käfig tobt und schließlich zu weinen beginnt. Es folgt ein spannender „interplanetarischer" Dialog zwischen Gobo und dem Mädchen über die Frage, wer hier denn das Monster sei. Dieser Dialog wird von den Schülern paarweise (Junge/Mädchen) in einem Rollenspiel nachgespielt und antizipierend weitergeführt. Wird das Mädchen Gobo überzeugen können, es frei zu lassen?

Nachdem einige Spiellösungen der Klasse vorgespielt und gemeinsam besprochen worden sind, liest die Lehrkraft das Ende der Geschichte vor. Hier beschließen die beiden, als Freunde das Weltall zu erkunden. Mehr erfahren die überraschten Zuhörer nicht. Nachdem sie spontan ihre Eindrücke zu der Geschichte und den Bildern sowie ihre Vermutungen über einen möglichen Fortlauf der Handlung äußern konnten, verzweigt sich die Auseinandersetzung mit dem Bilderbuch in verschiedene produktionsorientierte Richtungen.

Das Monster vom blauen Planeten (Leseblatt)

… Er hielt Ausschau nach einer von diesen wunderbar grünen Wiesen, die Opa fotografiert hatte. Solche, auf denen kleine Blumen wuchsen und ganz große mit dicken Holzstängeln, zwischen denen Erdenmonster umherliefen. Aber er fand nichts als Steinwürfel, riesige graue Schlangen und stinkende Blechkäfer, die auf ihnen herumkrochen.
Erst als die Sonne schon fast unterging, entdeckte Gobo, was er suchte – eine grüne Wiese mit weißen Blumen. Und mittendrin ein – Erdenmonster. Es war genauso bleich wie auf Opas Fotos und hatte tatsächlich zwei komisch dünne Arme. Es sah wirklich abscheulich aus, aber nicht so gruselig, wie Gobo es sich vorgestellt hatte. Er war etwas enttäuscht.
Das Erdenmonster hockte auf seinen Hinterbeinen und bewegte seine Kinnladen ganz eigenartig, während es etwas in sein kleines Maul stopfte. Nur auf dem Kopf hatte es struppiges gelbliches Fell, das ihm fast in die Augen hing. Den felllosen Körper hatte es in bunte, höchst merkwürdige Lappen gehüllt – was sehr dumm aussah. Gobo ließ sein Raumschiff so sacht hinunterschweben, dass nur die Blumen etwas zitterten.

Aufgabe:
Für einen Bewohner vom Planeten Galabrazolus müssen die Dinge und Lebewesen der Erde fremd und seltsam erscheinen. In der Geschichte werden dafür seltsame Ausdrücke verwendet. Kannst du mit unseren Worten erklären, was mit diesen Wörtern gemeint ist?

dicke Holzstängel   _____

Steinwürfel   _____

stinkende Blechkäfer   _____

graue Schlangen   _____

Erdenmonster   _____

Weißt du schon, was Gobo als Nächstes vorhat? Besprich dich mit deinem Partner!

(Textauszug aus: Cornelia Funke, Das Monster vom blauen Planeten, Fischer Schatzinsel 2008,
© *S. Fischer Verlage, Frankfurt am Main)*

Weiterführende Unterrichtsbausteine

Es werden folgende fächerübergreifende Unterrichtsbausteine in Form von Arbeitsaufträgen vorgestellt, die flexibel und variationsreich in offenen wie auch lehrergesteuerten Unterrichtssituationen eingesetzt werden und sich in unterschiedlichen Lernprodukten niederschlagen können.

Baustein 1: malen/zeichnen

Weltraumtaxis

Leider ist Gobos rotes Raumschiff kaputt und muss repariert werden. Um auf seinen Lieblingsmond fliegen zu können, funkt sich Gobo ein Weltraumtaxi herbei. Solche Weltraumtaxis können ganz unterschiedliche Formen haben. Sie erinnern meistens an große fliegende Bleistifte, die mit Düsenantrieb und runden Propellern ausgestattet sind. Außerdem befinden sich daran viele helle, leuchtende Knöpfe, damit man die Weltraumtaxis in der Dunkelheit gut sieht. Hast du Lust, so ein Weltraumtaxi zu malen?

So gehst du vor

1. Bereite zuerst den Weltraum-Hintergrund vor. Dazu brauchst du ein großes Zeichenblatt (A3), das du mit einem nassen Schwamm und blauer, schwarzer und lila Wasserfarbe einfärbst. Lass den Hintergrund gut trocknen.
2. In der Zwischenzeit zeichnest du mit Bleistift auf ein weißes Blatt (A4) ein Weltraumtaxi, so wie du es dir vorstellst. Male nun das Taxi mit einem dünnen Pinsel und hellen Wasserfarben an. Du kannst den Farben auch Deckweiß beimischen, dann werden sie noch heller.
3. Während das Weltraumtaxibild trocknet, betupfst du den dunklen Hintergrund mit einem dünnen Borstenpinsel mit Deckweiß – doch nur an einigen Stellen. So kannst du einzelne Sterne, eine Milchstraße oder gefährliche Meteoritenschwärme auf deinen dunklen Hintergrund „zaubern".
4. Wenn du das Weltraumtaxi ausgeschnitten hast, klebst du es auf den Hintergrund.

Zusatzaufgabe für Schnelle

Vielleicht magst du Gobos Lieblingsmond(e) auf ein extra Blatt zeichnen. Hell ausgemalt und sauber ausgeschnitten könntest du damit dein Weltraumtaxibild noch ausschmücken.

Baustein 2: aus Verpackungen und Alltagsgegenständen ein Mini-Raumschiff bauen

Aufgabe
Entwickle dein eigenes Raumschiffmodell aus Alltagsgegenständen (Dosen, CDs, Schachteln, Schrauben, Pinnnadeln, Draht, Trinkröhrchen, bunten Klebestreifen und -punkten). Wenn du möchtest, kannst es noch mit Alufolie oder mit Acrylfarbe verschönern! Lass deiner Fantasie freien Lauf! Schaffst du es, ein stabiles Raumschiff zu bauen?

Baustein 3: Fragen stellen und beantworten

Ein Außerirdischer entdeckt die Erde
Stell dir vor, Gobo besucht dich auf der Erde. Gemeinsam macht ihr beide euch auf Forschungsreise. Welche Fragen wird Gobo zu den Entdeckungen, die er auf der Erde macht, stellen?

Aufgabe
Überlege dir eine Forscherfrage zur Erde und notiere sie auf einer Karteikarte. Diese hängst du an der Pinnwand auf! Kannst du diese Frage (oder andere Fragen an der Pinnwand) mithilfe eines Sachbuches beantworten?

Baustein 4: szenisches Spiel „Gobos Planetenreise"

Gobo macht sich auf die Suche nach einem neuen Haustier. Dieses Mal fliegt er zu einem unbekannten Planeten. Wie die Bewohner Gobo dort wohl empfangen werden, wenn sie merken, was er vorhat?

Aufgabe
Suche dir eine Idee aus, besprich dich mit deiner Spielgruppe und spiele sie dann mehrmals durch, bis sie aufführungsreif ist.

Spielideen
Gobo besucht einen
- Schokoladenplaneten, auf dem grimmige Naschkatzen aus riesigen Kakaopfützen trinken
- Hibbelplaneten, der überall mit Juckpulver bedeckt ist, sodass er sich nicht ausruhen kann, weil er ständig niesen muss
- Gummiplaneten, auf dessen Boden man wie auf einem Trampolin hüpfen muss, wenn die sportlichen Gummianer einen bestimmten Knopf drücken
- Kicherplaneten, auf dem lebendige Kichererbsen sich die ganze Zeit vor Lachen kugeln, weil ihnen ständig ein neuer Witz einfällt

Baustein 5: Geräusche (er)finden

Fremde Gäste im Raumschiff
Zu Beginn der Geschichte siehst du ein Bild der Bewohner des Planeten Galabrazolus. Stell dir vor, du würdest als Fernsehreporter einen Film über diesen Planeten drehen. Welche Geräusche würde man hören?

Aufgabe
Sieh dir mit deiner Gruppe das Bild genau an. Notiert auf einem Blatt, was dort passiert, und überlegt euch passende Geräusche zu den Sätzen. Verteilt nun die Aufgaben (Geräuschemacher, Reporter). Nun beginnt der Reporter, von diesem Planeten zu berichten, während man verschiedene Geräusche hört.

Weitere Ideen
- Überlegt euch passende Bewegungen zu den Bildern!
- Verwendet für die Geräusche auch Orff-Instrumente!
- Nehmt die Geräuschgeschichte mit dem Kassettenrekorder auf!

Baustein 6: schreiben

Mit Gobo auf dem Mond

Stell dir vor, Gobo nimmt dich eines Tages mit auf eine spannende Mondreise. Als echter Entdecker hast du natürlich dein Notizbuch dabei. Mit einigen Worten beantwortest du kurz die folgenden Fragen:

1. Wie sah es auf dem Mond aus, als ihr aus dem Raumschiff ausstiegt?
2. Welches seltsame Wesen ist euch auf dem Mond begegnet? Beschreibe es!
3. Wohin hat dich dieses Wesen gebracht?
4. Was ist dann passiert?

Schreibe die Geschichte nun in der Ich-Form so spannend wie möglich als Tagebucheintrag auf. Beginne so:

Liebes Tagebuch,
du glaubst gar nicht, was mir gestern passiert ist. Gestern Nacht kam wieder mein außerirdischer Freund Gobo und nahm mich in seinem roten Raumschiff mit zum siebten Mond des Planeten Galabrazolus. Dort …

Variante:

Überlege dir einen Comic zu deiner Geschichte!

1. Zeichne zu jeder der oberen Fragen ein Bild, auf dem die Umgebung und die Figuren oder das Raumschiff zu sehen sind. Wichtig ist, dass man sieht, was die Figuren tun oder was sie fühlen!
2. Zeichne nun die Sprech- oder Denkblasen dazu!
3. Schreibe in kurzen Sätzen hinein, was die Figuren sagen oder denken!

Baustein 7: laufen/fangen

Gobos Fangarme

Gobo und seine Freunde lieben es, sich Haustiere von fernen Planeten zu halten. Deshalb schwirren sie in ihren Raumschiffen immer wieder aus, um sich ein Haustier zu fangen. Gobos Raumschiff hat sogar besondere Fangarme. Wenn er ein fremdes Wesen damit berührt, wird es sofort an Bord „gesaugt" und in einen Käfig gesperrt. Wie du ja weißt, lässt Gobo manchmal seine „Haustiere" frei …

Aufgabe:

Überlege dir zusammen mit deiner Gruppe zu der Geschichte passende Spielregeln für ein Lauf- oder Fangspiel, das du mit deiner Klasse in der Turnhalle spielen kannst!

Reflexion

Das unbekannte Monster vom blauen Planeten weckte bei meinen Schülern große Neugierde. Als es sich im Verlauf des Unterrichts als ganz „normales Mädchen" entpuppte, reagierten die meisten Schüler amüsiert und überrascht, was besonders durch den Vergleich mit ihren Monster-Vorstellungen gefördert wurde.

Zugleich kam aber auch die Frage auf, ob nur die Mädchen Erdenmonster sind – gefolgt von der Erkenntnis, dass aus der Sicht eines Außerirdischen ja schließlich jeder ein Monster sein könnte. In der eigenwilligen Begegnung zwischen dem außerirdischen Jungen Gobo und dem Menschenmädchen, welche die Kinder eindrucksvoll nachspielten, wurde deutlich, was Toleranz und Respekt gegenüber dem Andersartigen wirklich bedeuten. Zugleich regte der „außerirdische Blickwinkel" auf unseren Heimatplaneten die Kinder dazu an, Fragen zu stellen und sich mit den Phänomenen ihrer Umwelt und im Weltraum im Sachunterricht auseinanderzusetzen, was vor allem den Interessen der Jungen entgegenkam.

Darüber hinaus war zu beobachten, dass Jungen, die sich sonst bei Schreibaufgaben und beim Lesen eher zurückhaltend zeigten oder für den Kunstunterricht nur wenig Begeisterung aufbringen konnten, sich im Kontext dieser Geschichte mit viel Engagement und Fantasie auf eine ästhetisch-orientierte Entdeckungsreise begaben. Und diese bereitete nicht nur den Jungen ein „monstermäßiges, intergalaktisches" Vergnügen ...

Cornelia Funke, Das Monster vom blauen Planeten (Buchcover)

Wer wäre nicht gern Produzent, Geräuschemacher, Tontechniker?
von Marita Pabst-Weinschenk

Jungen spielen gern am PC und entwickeln dabei oft erstaunlich schnell über Trial-and-Error-Lernprozesse Fähigkeiten, die sie im herkömmlichen Schulunterricht nur selten zeigen können. Eine besondere Motivation kann für Jungen von der Methode ausgehen. So spricht die Hörspiel-Arbeit, wenn nicht nur das Lesen und die Textarbeit beim Schreiben oder Umschreiben einer Vorlage im Vordergrund stehen, den technischen Verstand der Jungen besonders an. Dazu sollten Hörspiele nicht live aufgenommen werden, sondern semi-professionell abgemischt werden. Die Ausstattung dafür ist gar nicht so aufwändig, wie manche vielleicht befürchten. Man braucht nur einen PC und ein Mikrofon für den PC-Eingang. Gute Tonbearbeitungssoftware kann man im Internet kostenlos downloaden (www.audacity.de). Anregungen und Materialien für den Unterricht gibt es zum Beispiel von Auditorix. Das ist eine neue Lernsoftware für die Hörspiel-Arbeit in den Klassen 3 und 4, die in Kooperation von der Landesanstalt für Medien NRW, der Initiative Hören und der Schule des Hörens 2008 entwickelt worden ist und auch kostenlos zur Verfügung steht (www.auditorix.de).

Auditorix ist ein kleiner Löffelhund, der die Kinder durch die Hörspielwerkstatt führt, mit ihnen gemeinsam Informationen erhält, Spiele und Übungen macht, sodass die Schülerinnen und Schüler befähigt werden, akustische Hörbilder und kleine Hörspiele zu produzieren. Auf der Auditorix-CD-ROM gibt es fünf verschiedene Bereiche und dazu jeweils eine Schüler- und eine Lehrerseite. Auf der Schülerseite findet man einführende Interviews mit Experten, Übungen und Spiele, auf der Lehrerseite dazu die passenden Hintergrundinformationen, Arbeitsblätter für den Unterricht und weitere Anregungen.

Hören und Zuhören
In diesem Modul geht es um grundlegende Informationen zum Hörsinn. Spielerisch werden Sensibilität und Verbesserung der Wahrnehmungskompetenz angestrebt. Da das Zuhören bisher vielfach stillschweigend vorausgesetzt und in der Schule wenig gezielt geübt wird (als Schreiben, Lesen, Sprechen) – obwohl es von zentraler Bedeutung für die Kommunikation und die gesamte Entwicklung ist (PABST-WEINSCHENK 2007/1) –, sollte Hörspiel-Arbeit damit beginnen. Denn die Zuhörfähigkeit ist Voraussetzung für jeglichen Umgang mit den modernen Hörmedien.

Stimme und Sprechen

„Sprechen ist mehr als Reden" – das ist das Motto in diesem Bereich. Es wird kindgerecht über die Wirkung von Sprechtraining und einer ausgebildeten Stimme informiert. Daneben gibt es Übungen zur Sprech- und Stimmbildung, die man gut in der Klasse durchführen kann (PABST-WEINSCHENK 2000, 2007b, 2007c). Sie kommen dem Bewegungsdrang der Jungen entgegen und lassen Sprechen und Stimme als gesamtkörperlichen Vorgang erleben. Wichtig ist es, den Aufnahmeplatz auch entsprechend einzurichten. Am besten sollten die Kinder beim Sprechen frei stehen und gestikulieren können. Denn mit der Bewegung stellt sich der passende Sprechausdruck immer viel leichter ein. Wer etwa einen Bösewicht spricht, muss auch eine Drohgebärde machen können. Weitere Spiele und Übungen machen auf die Wirkung sprecherischer Mittel aufmerksam, zum Beispiel:

Ah, Äh, Aha und Aaaah – mit einem Buchstaben, nämlich dem A, können viele Stimmungen und Situationen ausgedrückt werden. Probiert es aus! Versucht einmal, folgende Situationen nur mit einem Ah, Äh oder Aha auszudrücken:

1. Der Zahnarzt bohrt an meinem Backenzahn herum.
2. Mein Vater ist am Telefon und hört seinem Chef zu.
3. Meine kleine Schwester sitzt auf dem Klo und drückt.
4. Ich sitze im Unterricht und kapiere gerade gar nichts.
5. Plötzlich verstehe ich doch, was mein Lehrer erklärt!
6. Ich ärgere meine Schwester und sie schreit mich wütend an.
7. Morgens komme ich einfach nicht aus dem Bett.
8. Ich fürchte mich davor, die schwankende Hängebrücke zu überqueren.
9. Meine Mutter will, dass ich mein Zimmer aufräume, aber ich habe keine Lust dazu.
10. Der Lehrer fragt mich nach der Hauptstadt von Frankreich und sie fällt mir bestimmt gleich ein!

Inhalt, Figuren, Dramaturgie

In der Auditorix-Hörspielwerkstatt geht es um das Schreiben eigener Hörspiele. Dazu werden kindgerechte Tipps gegeben. Die Kinder lernen, dass die Geschichten aus dem eigenen Kopf kommen und wie sie sich mit geschlossenen Augen in eine Szene hineinversetzen können. Die Dialogtexte werden dann (mit Sprechanweisungen) notiert, überarbeitet hinsichtlich der Wortwahl (abwechslungsreiche und bunte Wörter) und des Satzbaus („Schreiben wie man spricht") und schließlich laut vor sich hingequatscht, um den richtigen Sprechausdruck zu finden. Arbeitsblätter erleichtern das

Notieren des Textes mit den geplanten Musik- und Geräuschkulissen. Alternativ zum eigenen Schreiben können auch bekannte Texte wie Märchen oder eine Lektüre bearbeitet werden. Oder anstelle eines Lesetagebuchs wird eine Mini-Sendung zu einem Buch aufgenommen (PABST-WEINSCHENK 2008) oder auch mal das freie Sprechen bei einem Bericht oder Interview (PABST-WEINSCHENK 2005).

Geräusche und Musik
In diesem Modul erfahren die Kinder spielerisch Wissenswertes über Musik, Geräusche bis hin zur Instrumentenkunde. Im Vordergrund steht dabei die Wirkung unterschiedlicher Klänge und Geräusche.

Aufnahme- und Abspieltechnik
Eine Geschichte zum Hören kann man wie ein Theaterstück spielen und mit Mikrofon aufnehmen. In dem Fall werden die Geräusche und die Musik im passenden Augenblick zugespielt – also alles „live". Besser klingt jedoch ein „abgemischtes" Hörspiel. Was heißt das? – „Mischen" bedeutet in der Sprache der Tontechniker, verschiedene Tonaufnahmen zusammen zu setzen. Beim Mischen kann man außerdem bestimmen, wie laut oder leise, deutlich oder undeutlich etwas hörbar ist, wohin ein Geräusch oder eine Musik kommen soll oder ob Autos, Flugzeuge oder sonstige Dinge hinter einem Gespräch zu hören sind. Vor allem aber: Die meisten Dinge werden getrennt aufgenommen.

Zum Beispiel: Man hat drei Aufnahmen: ein weinendes Kind; eine Frau, die „Guten Tag" sagt; einen Mann, der sich räuspert. Alle drei soll man gleichzeitig hören und dabei soll das Kind im Hintergrund leise weinen, das „Guten Tag" deutlich und das Räuspern nur von rechts zu hören sein. In einem Profi-Studio hat man dafür ein Mischpult mit vielen Reglern. Über jeden einzelnen Regler kann man bestimmen, wie laut die einzelne Stimme oder das Geräusch sein soll und wie sie klingen soll. Gemischt wird auch am Computer im Schnittprogramm. In solchen Programmen sieht man viele „Spuren" untereinander. Jede Spur kann eine Stimme oder ein Geräusch oder eine Musik aufnehmen. Wenn man alles zusammen abspeichert, hat man „gemischt". Beim Abhören hört man alles gleichzeitig!

Material-Boxen
Zu dem Programm gehören auch verschiedene Boxen. In einer Geräusche-Box findet man dreißig Geräusche als mp3-Dateien: vom Schmatzen über WC-Spülung, Vogelgezwitscher, Glockengeläut, Türknarzen bis zur Geräuschkulissen von Bahnhof, Spielplatz, Autobahn usw. In einer zweiten Box gibt es 24 Geräusch-Rezepte, die zum Hinhören animieren und die

Kreativität anregen, zum Beispiel wie man mit einer leeren Papprolle (Küchenpapier) und einem Metalleimer die Stimme wie ein Gespenst hallen lassen kann. Das Ausprobieren dieser Geräusch-Rezepte und auch das Erfinden weiterer Möglichkeiten spornt die meisten Jungen sehr stark an. Sie entwickeln sich in kurzer Zeit zu wahren Geräuschemachern. Auch das technische Verfremden von Aufnahmen macht Jungen erfahrungsgemäß viel Spaß: Wie klingt ein Satz rückwärts? Wie, wenn er doppelt so langsam oder doppelt so schnell gesprochen wird? Wie klingt er im Chor? Wie mit Echo? In der Musik-Box findet man 49 Musikstückchen als mp3-Dateien für alle Stimmungen (bedrohlich, dramatisch, leise, witzig, froh, beschwingt, geheimnisvoll), die man einfach zu eigenen Texten dazumischen kann, und in der Spielebox kann auf die insgesamt 14 Spiele aus den verschiedenen Bausteinen noch einmal zugegriffen werden.

Insgesamt gibt es bei der Hörspiel-Arbeit so viele unterschiedliche Aufgaben und Rollen, dass für jeden Jungen und auch jedes Mädchen etwas dabei ist, was Freude macht und gut gelingt: Es werden nicht nur Autoren, Sprecher und Musiker gebraucht, sondern eben auch Geräuschemacher, Tontechniker und Produzenten, die den gesamten Ablauf organisieren. Die Auditorix-Hörspielwerkstatt bietet einen guten Einstieg in die Hörspiel-Arbeit und vermittelt Medienkompetenz.

Literaturhinweise

Auditorix CD-ROM und Audio-CD (2008): Hg. von der Landesanstalt für Medien NRW, der Initiative Hören und der Schule des Hörens

PABST-WEINSCHENK, MARITA (2000): Die Sprechwerkstatt. Sprech- und Stimmbildung in der Schule. Westermann, Braunschweig

PABST-WEINSCHENK, MARITA (2005): Frei sprechen in der Grundschule. Cornelsen Verlag Scriptor, Berlin

PABST-WEINSCHENK, MARITA (2007a): Erst hören, dann sprechen. Voraussetzungen für die Hörspiel-Arbeit. In: Grundschule Deutsch, Heft 15: Geschichten zum Hören. Kallmeyer bei Friedrich Verlag, S. 18–19

PABST-WEINSCHENK, MARITA (2007b): Gut zu hören und gut zuzuhören. In: Grundschule Deutsch, H. 15. Kallmeyer bei Friedrich Verlag, S. 40–43 (mit Hör-Feature über Hörspiel-Arbeit auf CD)

PABST-WEINSCHENK, MARITA (2007c): Zuhören gestalten – So sprechen, dass man gerne zuhört. In: Deutsch Differenziert. Westermann, Braunschweig, S. 42–44 (mit Kopiervorlage und akustischen Übungsanleitungen auf CD)

PABST-WEINSCHENK, MARITA (2008): Hörbar gut. Eine Buchbesprechung zum Podcasten. In: Deutsch. Unterrichtspraxis für die Klassen 5 bis 10, Heft 14. Kallmeyer bei Friedrich Verlag, S. 28–33

Verzeichnis der Autorinnen und Autoren

ABRAHAM, DR. ULF   Professor für Didaktik der deutschen Sprache und Literatur an der Universität Bamberg; Schwerpunkte: Literatur- und Schreibdidaktik sowie Medien im Deutschunterricht

BUDDE, DR. JÜRGEN   Wissenschaftlicher Mitarbeiter am Zentrum für Schul- und Bildungsforschung der Universität Halle; Schwerpunkte u. a.: Geschlecht und Bildung, soziale Kompetenzen, Jungen und Schule

DELLEL, STEPHANIE   Grundschullehrerin in München

DOERFLER, THEO   Seminarrektor (Grundschule) in Schwaben, Augsburg Stadt (BY)

GESTERKAMP, DR. THOMAS   Politikwissenschaftler, Journalist und Buchautor in Köln, Referent und Moderator zu den Themen Jungen, Männer und Väter

KAISER, DR. ASTRID   Professorin für Didaktik des Sachunterrichts am Fachbereich Pädagogik der Universität Oldenburg

KALKHOFF-NEY, BÄRBEL   Lehrerin an einer Grundschule in Schwelm (NRW)

MASCHKE, HELMUT   ehemaliger Leiter einer Grundschule, Musiker, Lehrbeauftragter für Musikpädagogik an der Uni Augsburg

PABST-WEINSCHENK, DR. MARITA   Lehrerin, Professurvertretung im Bereich Germanistik/Mündlichkeit der Heinrich-Heine-Universität Düsseldorf

REISCHKE, MARTIN   Freier Journalist in Berlin, Autor für Deutschlandradio Kultur und verschiedene Tageszeitungen und Magazine über die Themen Gesellschaft, Kultur und Soziales

SCHULZ, DR. SABINE   Seminarleiterin für das Lehramt an Grundschulen im Landkreis Günzburg (Bayern)

SPIEGEL, DR. UTE   Leiterin eines GS-Seminars im Landkreis Aichach-Friedberg (Bayern), Lehrbeauftrage an der Uni Augsburg

WILLERT, CHRISTINA   Grundschulleiterin in Erkrath (NRW)

sowie GABRIELE CWIK und DR. KLAUS METZGER, Herausgeber der Lehrer-Bücherei: Grundschule